Über den Autor:

Peter Köpf, geboren 1960, ist Politikwissenschaftler, Journalist und Buchautor (und weder verwandt noch verschwägert mit Gerhard Schröders Ehefrau Doris Schröder-Köpf). Er lebt und arbeitet in Berlin.

Peter Köpf

Der Neue

Gerhard Schröder – Deutschlands Hoffnungsträger

Knaur

Redaktion: Stefan Braun
Konzeption und Realisation: Christine Proske
(Ariadne Buchkonzeption, München)

Originalausgabe Oktober 1998

Umschlaggestaltung: Agentur Zero, München
Umschlagfoto: dpa Frankfurt / Michael Jung
Satz: Ventura Publisher im Verlag
Druck und Bindung: Ebner Ulm
Printed in Germany
ISBN 3-426-77411-9

5 4 3 2 1

Inhalt

1.
Gerhard Schröders Elfmeter: »Ich habe nur einen Schuß!«

Nun, mit Gerhard Schröder als neuem Bundeskanzler, soll alles besser werden. Nach 16 Jahren christlich-liberaler Regierung hat nach den französischen Sozialisten und New Labour in Großbritannien auch die deutsche Sozialdemokratie den Regierungsauftrag bekommen.

»Ein neues sozialdemokratisches Zeitalter« versprach Oskar Lafontaine schon auf dem Parteitag von Hannover im Dezember 1997, kurz bevor das »sozialdemokratische Jahrhundert« (Ralf Dahrendorf) zu Ende geht. Der SPD-Parteivorsitzende orakelte: »Die nächste Wahl wird eine Richtungsentscheidung über den Begriff der Moderne.« Und dieses Spiel wollte die Mannschaft der SPD gewinnen.

Aber mit welcher Taktik sollte man antreten, wie sollte die Mannschaft aussehen? Ein Star, zehn Wasserträger wie damals, als Linksfüßler wie Wolfgang Overath im Fußball und Willy Brandt in der Politik die Fäden zogen? Oder ein zeitgemäßeres Kollektiv, vielleicht so wie Schalke 04 heute? Zu oft hatten sich die SPD-Mannen als Einzelkämpfer erwiesen, mehr gegen- als miteinander gespielt, die Machtkämpfe öffentlich ausgetragen und damit alle Siegchancen verdorben. Dieses Mal sollte es anders werden.

Spielertrainer Oskar Lafontaine beschwor die Genossen zur Einigkeit, schaffen werde man den Sieg nur gemeinsam. Einer für alle, alle für einen. Zuschauer und Wasserträger hielten sich weitgehend an die Vorgabe ihres Trainers Lafontaine. Und das vom magischen Dreieck zur Doppelspitze geschrumpfte Starduo für viele überraschend auch.

Gerhard Schröder versprach: »Wir werden ein tolles Mannschaftsspiel liefern. Wir setzen auf Sieg!« Und Oskar, der zum besten Chef seit Willy Brandt gekürt wurde, sagte immer wieder: »Uns werdet ihr nicht auseinanderdividieren. Zwischen Gerhard und mich paßt kein Blatt.«

»Uns werdet ihr nicht auseinanderdividieren. Zwischen Gerhard und mich paßt kein Blatt.«

Oskar Lafontaine, SPD-Vorsitzender, 1988

Doch auch elf Freunde müssen einmal einen bestimmen, der die Verantwortung für den entscheidenden Schuß übernimmt. Nach der damals verwendeten Terminologie der Partei lag der Ball bis März 1998 auf dem Elfmeterpunkt, im Tor des Gegners stand der angeschlagene Helmut Kohl. Der Schiedsrichter, das Wahlvolk, schaute schon bedenklich ungeduldig auf die Uhr, weil sich die Mannschaft nicht einigen konnte, wer die Kugel treten sollte. »Derjenige, der es besser draufhat, muß den Elfmeter schießen«, mahnte SPD-Bundesgeschäftsführer Franz Müntefering. Die Partei drückte mehrheitlich die Daumen für Oskar, aber das Volk hielt Gerhard Schröder für den sichersten Schützen.

Mit Schröders Wahlsieg in Niedersachsen war die Entscheidung gefallen. Er hatte im letzten Training den besten Eindruck gemacht, und Gerhard Schröder verkündete schon während des Anlaufs siegessicher: »Die Ära Kohl ist zu Ende.« Seiner Rolle wurde SPD-Torjäger Schröder gerecht. Er verwandelte.

Neun Kandidaten hat die SPD seit 1945 ins Rennen um die Kanzlerschaft geschickt, Kurt Schumacher (1949: 29,2 %), Erich Ollenhauer (1953: 28,2 %; 1957: 31,8 %), Willy Brandt (1961: 36,2 %; 1965: 39,3 %; 1969: 42,7 %; 1972: 45,8 %), Helmut Schmidt (1976: 42,6 %; 1980: 42,9 %), Hans-Jochen Vogel (1983: 38,2 %), Johannes Rau (1987: 37,0 %), Oskar Lafontaine (1990: 33,5 %) und Rudolf Scharping (1994: 36,4 %). Nur zwei, Willy Brandt und Helmut Schmidt, wurden Bundeskanzler, keiner hatte bisher aus der Opposition heraus gesiegt.

Gerhard Schröder hat sich mit dem Wahlsieg nicht nur gegen den 16 Jahre regierenden Kanzler Helmut Kohl durchgesetzt. Der »Modernisierer« hat auch innerhalb seiner Partei die sogenannten Traditionalisten auf die Reservebank verbannt. Nun erwarten die Deutschen einen Tony-Blair-Effekt, einen Aufbruch nach Jahren des Stillstandes. »Innovation und Gerechtigkeit« hatte die SPD zuletzt als Leitmotiv benutzt. Schröders Programm aber setzt eigene Schwerpunkte. Sein Denken dreht sich um die Worte: Innovation, Modernisierung, Investition und Reform, aber auch Konsens. Im sozialen Bereich spricht er am liebsten von Flexibilität und Erneuerung.

Gerechtigkeit, erklärte er immer wieder, sei nicht hundertprozentig zu haben. Die Richtungsentscheidung ist getroffen, und viele fragen sich beim Blick auf Programm und Kanzler, was denn nun anders werden wird.

Kein Alt-68er ist mit Schröder ins Kanzleramt eingezogen, nicht die Friedens- und nicht die Umweltbewegung, sondern Gerhard Schröder, der Pragmatische, der Unberechenbare, der Widersprüchliche. Alle diese Bewegungen hat der neue Kanzler zwar miterlebt, aber richtig dazu gehörte er nie, auch wenn er zu den »Enkeln« Willy Brandts zählt. Schröder war immer etwas abseits vom sozialdemokratischen Mainstream.

Erhard Eppler, der 1990 für Gerhard Schröder den Platz im Präsidium geräumt und der Schröder als Talent, als »political animal«, eingeschätzt hatte, sagte später über den Niedersachsen: »Schröder – das ist eine reine Lotterie.« Nie war Schröder zu packen, auf ein Programm oder eine Linie zu verpflichten. Auf Dauer aber, meinte Eppler, werde ein Politiker nicht erfolgreich sein, von dem man heute nicht wisse, »wofür er morgen und erst recht übermorgen steht«.

Ähnlich urteilte auch der frühere SPD-Vorsitzende Hans-Jochen Vogel in seinen Memoiren: »Schröders Machtwille ist sicher eindrucksvoll. Aber mehr und mehr stellt sich die Frage, wofür er die Macht, um die er kämpft, gebrauchen will.«

Hat der Mann kein Programm, nur Pragmatik? Doch, sagte er im Wahlkampf 1998 immer wieder, die »Programmatik meiner Partei« kenne er – »im Gegensatz zu dem, was man mir unterstellt«. Die Presse sah es anders: »Alles Schröder, oder was?« fragte der *Rheinische Merkur*, »Schröders Botschaft heißt nur Schröder.« Die *FAZ* jammerte sogar: »Was er will, das weiß man nicht.«

»Schröder – das ist eine reine Lotterie.«

Erhard Eppler, SPD-Politiker, 1996

An Gerhard Schröder haften viele Etiketten, etwa das vom Machtmenschen. Aber welcher Politiker mit Erfolg ist das nicht? Helmut Schmidt verteidigte ihn auf dem Parteitag in Leipzig, auf dem Schröder auch offiziell zum Kanzlerkandidaten gewählt wurde: »Jedermann weiß, daß zum Politiker auch Leidenschaft gehört, auch das Streben nach Geltung und nach Macht! Wenn aber diese Kräfte sich im Gleichgewicht paaren mit den unverzichtbaren Tugenden, mit dem Bewußtsein der Grundwerte und mit dem Bewußtsein der eigenen Verantwortung; wenn außerdem eine große persönliche Ausstrahlung hinzukommt – so wie im Falle Gerhard Schröders –, dann haben wir eine gute Wahl getroffen.« Einen Populisten nennen ihn andere, nicht nur, weil das SPD-Wahlprogramm mit ihm als Kanzlerkandidaten »Fußball für alle« versprach. (Auch daran werden wir den früheren Mittelstürmer des TuS Talle messen!) Freundlicher Gesinnten gilt er als Pragmatiker. Schröder selbst meint dazu, er spüre eben »die wirklichen Bedürfnisse der Menschen«, und Macht an sich sei nicht schlecht, »nur der Mißbrauch«.

Politische Gegner tun sich schwer mit dem Medienliebling. Der Frankfurter Politologe Micha Brumlik beklagte in den *Blättern für deutsche und internationale Politik* die »Amerikanisierung« der politischen Auseinandersetzung und reihte Schröder ein in eine Reihe »telegener, aber charakterloser fünfzigjähriger männlicher Politiker«. Clinton, Blair, Jospin, Schröder, die smarten – Sozialisten? Linken? Sozialdemokraten? Jeder positioniert sich anders, und doch sind sie gleich. Was sie eint, ist ihre aalglatte Professionalität im Umgang mit der Öffentlichkeit, den Medien. CDU-Fraktionschef Wolfgang Schäuble, der offenbar das Gefühl hatte, da redete einer, ohne wirklich Konkretes zu sagen, beklagte gegenüber dem *Spiegel*: »Einen Pudding an die Wand zu nageln ist schwierig.«
Doch ganz so undurchschaubar ist der neue Bundeskanzler nicht. Einige Leitlinien seiner Politik lassen sich ausmachen. An zahlreichen Thesenpapieren, Leitanträgen und Programmen der Partei hat Gerhard Schröder mitgearbeitet, in Wirtschaftsfragen an vorderster Front, sich auch aus Hannover immer wieder in die Bundespolitik eingemischt und nicht zuletzt über die Medien manchen Pfeil abgeschossen. An seinen damaligen Worten wird er sich messen lassen müssen. Das gilt auch für die SPD insgesamt. Die Deutschen haben die politische Macht in andere Hände gelegt, und Gerhard Schröder gilt – ganz ähnlich wie es bei Bill Clinton in den USA und Tony Blair in Großbritannien nach ihren Wahlsiegen war – als Hoffnungsträger. Er hat versprochen, »die Modernisierung menschlich zu gestalten«. Helmut Kohl hat er als »Kanzler der Arbeitslosig-

keit« bezeichnet, der das Soziale aus der Marktwirtschaft verdrängt und diese »zerrissen« habe. Helmut Kohl sei »der Kanzler, der die staatliche Einheit vollziehen konnte, aber die Gesellschaft gespalten hat«. Jetzt muß Schröder es besser machen, den Worten Taten folgen lassen.
Gerhard Schröder wird ein anderer Kanzler sein, als sein Vorgänger es war. Kohl verstand sein Amt eher präsidial, Schröder dagegen sieht sich als Manager, als leitender Angestellter, als Vorsitzender der Deutschland AG. Schröder hat sich vom Marxisten zum Pragmatiker gewandelt, und das ist keine ungewöhnliche Entwicklung in diesem Land – jedenfalls in seiner Generation. Richtig ist, was nützt.

»Schröders Machtwille ist sicher eindrucksvoll. Aber mehr und mehr stellt sich die Frage, wofür er die Macht, um die er kämpft, gebrauchen will."

Hans-Jochen Vogel, früherer SPD-Vorsitzender, in seinen Memoiren, 1996

Aber ist Schröder mit seiner praktischen Politik auch auf der Höhe der wissenschaftlichen Diskussion? Kann der Neue, der den Deutschen große Hoffnungen gemacht hat und sich vor allem für mehr Arbeitsplätze einsetzen will, seine Versprechen halten? Die Deutschen haben dem neuen Bundeskanzler seine Worte abgenommen und ihn mit einem Kredit versehen, den es jetzt einzulösen gilt. Wer Schröders Denken und seine persönliche Geschichte kennt, kann überprüfen, ob er als Kanzler umsetzen kann, was er im Vorfeld angekündigt und gutgeheißen hat. Bald werden die Deutschen sehen, ob er eine lange Saison so erfolgreich überstehen wird wie das Elfmeterschießen vom Herbst 1998.

2.
Gerhard Schröder, ein Charakterbild: »Naturtalent mit angeborenem Sinn für Taktik«

Die Accessoire-Läden im Berliner Bezirk Kreuzberg machen zur Zeit ein gutes Geschäft: Für 20 Mark werden überall Kopien der Haderer-Karikatur von »Guildo Schröder« verkauft. Das Bild wird in den nächsten Monaten die Flure deutscher Wohngemeinschaften zieren wie früher das Plakat mit Schröders Vorgänger: Es zeigte eine etwas angematschte Birne, und jeder wußte Bescheid. Stiller Protest. Jetzt also Guildo Schröder mit den Zottelhaaren, den dichten Augenbrauen und einer roten Rose in den Händen. Zwei aus Deutschland, der Schlagermusiker Guildo Horn und der Politiker Gerhard Schröder, vereint in einer Person, die Inkarnation des deutschen Siegertypen – jedenfalls zu Hause, in der deutschen Provinz.
Wie Guildo sich geschlagen hat, international, das haben wir gesehen. Gerhard Schröder wird bald nach Berlin umziehen und sich statt in Hannover auch auf internationalem Parkett bewähren müssen. Ein Lebensziel aber hat er erreicht: das Kanzleramt. Da wollte er immer hin.
Die Geschichte wurde hundertmal erzählt: Auf dem Nachhauseweg von einem Zechgelage in der Bonner

Kneipe »Provinz« kam Schröder am Kanzleramt vorbei. Der junge Bundestagsabgeordnete griff an den Zaun, rüttelte daran und schrie: »Ich will hier rein!«
Es gab nicht wenige, die das für unmöglich hielten – wegen einiger ihm nachgesagter charakterlicher Schwächen. »Wenn er es doch nur schaffte, seinen überbordenden Ehrgeiz auf jene Portion zu reduzieren, die jeden Machtmenschen auszeichnet, er wäre (noch) erfolgreicher«, stöhnte der *Tagesspiegel*. Und weil Eitelkeit vor dem Fall kommt, folgte das Urteil prompt: »Gerhard Schröder will nicht nur Willy Brandt, seinem großen Vorbild seit Jugendtagen, nacheifern und Bundeskanzler werden; er ist auch mit jenem Überschuß an Irrationalität geschlagen, der Franz Josef Strauß als bayerischen Provinzfürsten oder Jürgen Möllemann statt an der Spitze der FDP in den hinteren Reihen des Bundestages enden ließ.«
Nun ist Gerhard Schröder Kanzler, und er glaubt fest daran, der beste Mann für sein neues Amt zu sein. Das glaubte er immer. Gerade hatte der Automann wieder einmal die Genossen verärgert, da rutschte ihm auf einem Ausflugsschiff folgender Satz heraus: »Stellt euch mal vor, was die in der Baracke sagen würden, wenn ich auch noch auf dem Wasser laufen könnte.« Da weiß einer genau, wie sehr er seiner Partei immer wieder auf die Zehen tritt, und er kokettiert damit, selbst wenn ihm seine gelegentlichen Fouls Niederlagen einbringen. Aber es steckt auch die Überzeugung in diesem Gedanken, seinen Genossen, die ihn lange Zeit immer wieder ins Glied zurückschoben, überlegen zu sein. Und auch wenn Schröder zu anderen redet als zu sei-

nen Genossen, umgibt er sich immer mit der Aura des Überlegenen, Souveränen, des Wissenden – man könnte es auch Arroganz nennen.
Immerhin hat es da einer geschafft, von ganz unten nach ganz oben zu kommen. Das prägt, das verändert. Manche der Genossen, die ihn begleiteten, erkennen ihren früheren Weggefährten nicht mehr wieder. Die Wählerinnen und Wähler sehen in ihm dafür den Hoffnungsträger nach Jahren des Stillstands. Der neue Kanzler auch. Nach seinem Wahlsieg in Niedersachsen trat Schröder selbstbewußter auf als je zuvor. Manche sagten, er gleiche einem aufgeblasenen Luftballon. Joschka Fischer ließ sich vernehmen, Schröder könne gerade »vor lauter Kraft kaum laufen«.

»Der Gerd hat zu viele charakterliche Defizite."

Rudolf Scharping,
SPD-Fraktionsvorsitzender, 1993

Eitel, aufgeblasen, machtgeil, trifft das auf den neuen Regierungschef zu? Ein anderer Menschenkenner, Rudolf Scharping, soll einmal gesagt haben: »Der Gerd hat zu viele charakterliche Defizite.« Und auch die Hauptstadtpresse schrieb vor ein paar Jahren: »Gerhard Schröders Charakterbild schwankt.« Das einzig Bestimmte an seiner Person sei die Unbestimmtheit. Während Scharping dem Entwurf seiner selbst nacheifre, lebe Schröder »das Unausgegorene und die Widersprüche seines We-

sens zumeist fröhlich aus«. Er zelebriere das Unbeständige, das Überraschende mit Genuß.
Aber vielleicht ist das ja das Holz, aus dem ein Kanzler geschnitzt sein muß. Was haben sie seinem Vorgänger alles nachgesagt: Auch er galt, nachdem mit jedem Regierungsjahr das Image des tumben, naiven Provinzpolitikers stärker von ihm abgeglitten war, als Machtmensch. Wie er seine Umgebung herunterputzte, wie er sie und auch die Medien seine Macht spüren ließ, wie er seine Partei hinter sich scharte und interne Widersacher wegboxte, wie er sich Respekt verschaffte, das ließ selbst bei politischen Gegnern mit der Zeit neben der Verachtung auch so etwas wie Respekt entstehen.

Gerhard Schröder war 1963 in die SPD eingetreten, wegen Helmut Schmidt, den er bewunderte. Doch die Bewunderung ging bald auf Willy Brandt über, gegenüber Schmidt wuchs in den siebziger Jahren die Kritik. Brandt müsse man lieben, Wehner verehren und Schmidt respektieren, war schließlich seine Einstellung. Im Dezember 1988 schrieb der damalige niedersächsische Oppositionsführer über sein einstiges Idol: »Unnachsichtigkeit gegenüber Andersdenkenden, politisch nicht so Erfahrenen, fiel mir immer wieder auf. Warum immer wieder diese Maske dessen, der alles weiß und alles kann?« Der damalige Kanzler, gerade 70 Jahre alt geworden, antwortete: »Wenn Du erst Ministerpräsident bist, wirst Du merken, daß Du unrecht gehabt hast.«
In Leipzig, bei der Kandidatenkür, wünschte der Altkanzler dem jungen Kandidaten den Sieg und danach »die Tapferkeit, das Notwendige auch dann zu tun,

wenn es zunächst unpopulär ist«. Vielleicht helfen ihm seine »charakterlichen Defizite« gerade dabei. Daß er »ungeduldig, zu spontan, unduldsam« sei, hat Gerhard Schröder selbst zugegeben. Aber hinzugefügt, daß er nichts halte von diesen »blutleeren Gesellen, die meinen, sie müßten ihre Blutleere durch Politik ausgleichen«. Das ging gegen Scharping, damals, 1995, als sich zwei ganz verschieden gestrickte Platzhirsche ins Gehege gekommen waren.

Der *Zeit*-Reporter Dietrich Strothmann hat Schröder schon in seinen Anfängen beobachtet. Sein Sowohl-Als-auch hat Strothmann nicht als Opportunismus, sondern als Lernfähigkeit ausgelegt sowie als Erkenntnis, er könnte mit seiner Position möglicherweise nicht richtig liegen. So hat sich Schröder vom Marxisten aus Juso-Zeiten – die *Zeit* nannte ihn »Bürgerschreck auf Samtpfoten« – zum unternehmerfreundlichen Sozialdemokraten gewandelt. Er gilt heute als der »Genosse der Bosse«, und nicht nur in der Partei fürchten viele, mit einem Kanzler Schröder werde es schwer werden, alten sozialdemokratischen Zielen ausreichend Raum zu verschaffen.

Dabei war Schröder als junger Bundestagsabgeordneter für eine Abschaffung der Gewissensprüfung für Kriegsdienstverweigerer eingetreten. Und er hatte versucht, mit Berliner und Göttinger Hausbesetzern ins Gespräch zu kommen. Über eine Diskussion der Jugendlichen, ob sie mit dem Abgeordneten überhaupt reden wollen, kam er allerdings nicht hinaus. Dabei war er einmal »einer der Ihren« gewesen, hatte in Göttingen studiert und war dort den Jungsozialisten beigetreten.

»Bürgerschreck auf Samtpfoten.«

Die Zeit, 1980

Schröder setzte sich als Anwalt für homosexuelle Pfarrer ein sowie für Kommunisten, Pazifisten und andere, die wegen des Radikalenerlasses Schwierigkeiten hatten, etwa zwei Lehrerinnen, denen wegen ihrer DKP-Mitgliedschaft der Verlust ihres Arbeitsplatzes drohte. »Ein Bewerber, der verfassungsfeindliche Aktivitäten entwickelt, wird nicht in den öffentlichen Dienst eingestellt«, hieß es in dem Erlaß, den Willy Brandt mit den Ministerpräsidenten der Länder am 28. Januar 1972 verabschiedet hatte. »Gehört ein Bewerber einer Organisation an, die verfassungsfeindliche Ziele verfolgt, so begründet diese Mitgliedschaft Zweifel daran, ob er jederzeit für die freiheitliche demokratische Grundordnung eintreten wird. Diese Zweifel rechtfertigen in der Regel eine Ablehnung des Einstellungsantrages.« Gerhard Schröder hielt den Beschluß damals für falsch und erhielt für seine Begründung im ersten juristischen Staatsexamen die Note »voll befriedigend«. (Das zweite Staatsexamen bewältigte der Kanzler mit der Note »sehr gut«.) 3,5 Millionen Gesinnungsüberprüfungen gab es bis heute, 11 000 Berufsverbotsverfahren, 1250 Nichteinstellungen in den Öffentlichen Dienst, 2200 Disziplinarverfahren und 256 »Entfernungen aus dem Dienst«. 18 Millionen Deutsche sind im Nadis-Computer in Köln gespeichert. Jetzt könnte Gerhard Schröder dazu beitragen, daß »Willys vergessene Opfer« rehabilitiert werden.

Er sprach sich 1978 während eines Besuchs in Moskau gegen die Neutronenbombe als »menschenverachtende« Entwicklung aus. Als die grün-alternativen Listen erste Wahlerfolge einheimsten, agitierte Schröder gegen die Atomenergie (mit einem Pappschild um den Hals: »Ich bin Sozialdemokrat und gegen Kernenergie«) und verteidigte den späteren saarländischen Umweltminister Jo Leinen, der nach einer Anti-Brokdorf-Demonstration wegen Landfriedensbruchs angeklagt war, sowie den Landwirt Adi Lambke, der in Gorleben einem Polizisten einen Eimer Gülle über den Kopf gegossen hatte.

Schröder setzte sich auch gegen die Nachrüstungsbeschlüsse von Bundeskanzler Helmut Schmidt ein. Mit 23 anderen unterzeichnete er 1981 einen Appell, der verlangte, eine Million Mark im Verteidigungshaushalt einzusparen und das Geld statt dessen für Entwicklungshilfe bereitzustellen. »Bauchschmerzen« habe er dabei gehabt, aber schließlich nach ausführlicher Beratung mit Freunden doch unterzeichnet. Doch diese Positionen hat der Bundeskanzler inzwischen längst geräumt.

Schröder trat außerdem für den linken SPD-Abgeordneten Karl-Heinz Hansen ein, der zusammen mit Manfred Coppig sogar gegen die SPD-Regierung gestimmt hatte, obwohl er dessen Angriffe gegen den Kanzler mißbilligte. Das Recht auf Meinungsäußerung auch für Minderheitenmeinungen, die innerparteiliche Demokratie wogen dem Anwalt schwerer. Die freie Rede war ihm so wichtig, daß er 1978 als Juso-Vorsitzender eine Delegation der FDJ wieder auslud, nachdem Rudolf Bahro zu acht Jahren Freiheitsstrafe verurteilt worden war. Schröders juristisches Gewissen ging damals so weit, daß er sogar forderte, den ehemaligen Stellvertreter Adolf Hitlers, Rudolf Heß, aus der Haft zu entlassen. Lebenslänglich sei menschenunwürdig, meinte Schröder. Herbert Wehner, der unter den Nazis gelitten hatte, fand das nicht gut.

Opportunismus läßt sich aus solchen Taten nicht ablesen. Im Gegenteil: Er hätte es leichter haben können in seinen ersten Jahren in Bonn.

Auch seine politischen Gegner schont der neue Kanzler nicht. Im Streit kann Schröder sehr wohl ausfallend werden. Als Juso-Chef etwa in einer Fernsehdiskussion mit seinem Kollegen von der Jungen Union, Alfred Sauter. Der hatte gerade gesagt, die Nationalsozialisten seien schließlich Sozialisten gewesen, da versetzte Schröder, Sauter solle die zweite Silbe seines Namens streichen. Die Mitglieder des Rings Christlich-Demokratischer Studenten (RCDS) nannte er 1979 »Strichjungen von Franz Josef Strauß«. Das brachte ihm eine Anzeige wegen Beleidigung ein. Der gelernte Anwalt entschuldigte sich später mit der Erklärung, er habe mit seiner Bemerkung nur »sagen wollen: Die sind auf derselben Linie wie Strauß.«

Die Parteilinie, auch wenn sie im Wahlkampf ganz nützlich war, hält der neue Kanzler nicht immer ein. Das bekamen die Genossen mehrfach schmerzhaft zu spüren. Gerhard Schröder, man kann ihm das positiv anrechnen, verachtet die endlosen Gremienberatungen der Partei. Zwar hat die Sozialdemokratie so viele Papiere ausgearbeitet wie keine andere Partei, aber mit welchem Erfolg? Wie viele Zeitfragen waren in zahllosen gründlichen Diskussionen beraten, schließlich ecken- und kantenlose Kompromisse formuliert worden, wie oft waren Fragen grundsätzlich beantwortet und das Ergebnis des Nachdenkens öffentlich gemacht worden? Und wie oft hatten all die Papiere, Programme und Entwürfe nichts bewegt, niemanden mobilisiert, schon gar nicht dankbare Wähler? Denn meist, wenn die Papiere endlich fertig waren, interessierte das Ergebnis nicht mehr. »Die Gesellschaft stellte schon neue Fragen«, meinte Franz Walter in der *Politischen Vierteljahresschrift* nüchtern, »während die SPD immer noch die alten beantwortete.«

»Schröders Botschaft heißt nur Schröder.«

Rheinischer Merkur, 1998

Gerhard Schröder hat die alte SPD ein ganzes Stück verlassen, auch wenn er in der Wochenzeitung *Die Zeit* trotzig erklärte: »Anders, als mir nachgesagt wird, habe ich eine sehr emotionale Beziehung zur SPD. Sie ist mir politische Heimat. Ich komme aus einem Milieu, von dem die SPD Abschied genommen hat. Ich nicht.« Aber wie im Leben ist er offenbar der Meinung, auch eine Partei könne es nicht allen recht machen: »Die Addition von Minderheiten ergibt keine Mehrheit.«
Und deshalb hat sich Schröder wie auch Tony Blair mit »New Labour« in Großbritannien von klassischen Posi-

tionen seiner Partei abgewendet. Die SPD solle, sagte Schröder nach Tony Blairs Wahlsieg, die »hinter dem britischen Wahlergebnis liegenden Strukturen analysieren und dann auch Konsequenzen für die eigene Position ziehen«. Das Wort Klassenkampf hat er längst aus seinem Wortschatz gestrichen. Schröder meint, in einer Dienstleistungsgesellschaft sei dafür kein Platz mehr. Er benutzt lieber das Wort Konsens. Gerechtigkeit ist ihm in der heutigen Zeit nicht das erste Ziel, sie erscheint ihm nicht mehr erreichbar. Man könne bestenfalls versuchen, soviel Gerechtigkeit wie möglich anzustreben. Schröder strebt »die Verbindung von Modernität mit sozialer Gerechtigkeit« an, aber bei Gerechtigkeitsfragen kommt er mit dem Parteivorsitzenden Oskar Lafontaine über Kreuz.

Innerparteiliche Auseinandersetzungen hat er nie gescheut, selbst wenn er am Ende mit blutender Nase dastand. Aber draußen, bei den Wählern, hat Schröder ganz andere Qualitäten bewiesen. Er ist ein Meister im Formulieren interpretationsbedürftiger Aussagen. Sein Politikstil heißt: Was getan werden muß, muß auch gesagt werden – allerdings nicht zu deutlich, wenn es den Wählern weh tun könnte. Oskar Lafontaine war 1990 in den ostdeutschen Ländern mit seiner Ehrlichkeit nicht angekommen, als er davon gesprochen hatte, die Wiedervereinigung werde allen zusätzliche Lasten aufbürden. Rudolf Scharping pflegte deshalb eher den Stil, unangenehme Entscheidungen zwar zu fällen – wenn es denn sein muß –, aber nicht darüber zu reden.

Bei Schröder ist es anders. Er redet über Probleme, aber je nach Zuhörerschaft gelingt es ihm, dieselben Fakten immer wieder neu zu verpacken. Wer Schröders Reden hört oder liest, mag sich manchmal fragen, wie das alles zusammengehen soll. Da ist viel Sowohl-Als-auch, und der Eindruck verfestigt sich, daß der Mann nicht alles sagt. Dann erinnert man sich daran, daß er schon früh ein »Staatsmann« genannt wurde. Schröder weiß, was er den Wählern zumuten kann, er hat ein Gespür dafür, was »das Volk«, jedenfalls die Mehrheit davon, mitzutragen bereit ist. Und so spricht er es aus, wenn er meint, daß auf Atomenergie erst in 20 oder 30 Jahren verzichtet werden könne. Wer möchte schon im Winter in der kalten Bude sitzen? Wenn Schröder meint, mit Ökosteuern sei derzeit kein Staat zu machen, dann sagt er es, auch auf die Gefahr hin, ein paar Wähler an die Grünen zu verlieren. Der Mehrheit ist es wichtiger, daß sie weiter subventioniert Auto fahren kann. Und auch wenn man über seine Vorstellungen von einer Modernisierung der Sozialkassen streiten kann, wenn Schröder meint, es müsse gekürzt werden, dann sagt er's und fliegt am nächsten Tag zum Opernball, wo er mitsamt Frau in einer 24 000 Mark teuren Loge von VW-Vorstandschef Ferdinand Piëch sitzt – gleichgültig, ob das ein paar alte sozialdemokratische Wähler verschreckt. Sein Image vom wirtschaftskompetenten Sozialdemokraten ist ihm wichtiger und bringt ihm neue Wählerschichten. Mit Piëch, dessen Geschäfte er als Aufsichtsratsvorsitzender zu kontrollieren hat, in der Loge zu sitzen war für Schröder denn auch keine Amigo-Affäre, sondern ein »stinknormaler Vorgang«.

Schröders Auftritte haben ihm eine Glaubwürdigkeit verschafft, die solche Skandälchen, über die andere Politiker schon gestolpert sind, unbedeutend machen. Die Mehrheit der Deutschen nimmt ihm inzwischen ab, daß es Reformen bedarf, die ohne Einschränkungen für den einzelnen nicht machbar sind. Aber im Gegensatz zum politischen Gegner sind viele Deutsche davon überzeugt, daß Schröder die weltweiten Umwälzungen auf wirtschaftlichem Gebiet nicht dazu benutzt, um den Massen möglichst viel von ihrem Wohlstand zu nehmen, sondern daß er versucht, die Kosten des Wandels für die »einfachen Leute« möglichst gering zu halten. Deshalb ist Schröder so sehr davon überzeugt, daß er der richtige Mann am richtigen Platz ist. Wahrscheinlich hat er sogar recht, wenn er sagt, daß heute, in der Fernsehdemokratie, politische Inhalte durch Personen repräsentiert werden. Vielleicht sogar ganze Programme. Schröder hat erkannt, daß eine Partei wie die SPD zu langsam und schwerfällig ist, um in einer schnelllebigen Zeit auf alle Herausforderungen adäquat reagieren zu können. Schröder versteht sich, anders als Rudolf Scharping, nicht als Soldat, der die »Befehle« der Partei auszuführen hat. Schröder sagt, was er denkt, manchmal sogar Widersprüchliches, je nach Auditorium, und er scheut sich nicht einmal, offen zuzugeben, daß er sich an Parteiprogramme nicht gebunden fühlt. Man mag diese Entdemokratisierung bedauern, aber die Sozialdemokraten und speziell Schröder hatten damit Erfolg – mehr Erfolg als die SPD in den vergangenen 16 Jahren sowieso. Schröder gelang es offenbar, milieuübergreifende Wählerkoalitionen zu vereinen.

»Tatsächlich gibt es einen politischen Habitus und Regierungsstil, der umweltbewußte Studienräte genauso

beeindruckt wie junge Arbeiter mit rechtspopulistischen Neigungen oder kleinbürgerliche Pensionäre mit konventionellen Wertorientierungen«, stellte etwas verwundert Franz Walter in der *Politischen Vierteljahresschrift* fest. »In diesem Typus des erfolgreichen Politikers paart sich Härte, Durchsetzungsfähigkeit, wenn es sein muß auch autoritäre Entschlossenheit, ein Stück souveräner Unabhängigkeit von der eigenen Partei mit Biß, Witz, Schlagfertigkeit, oft auch – jedenfalls im rot-grünen Lager, aber (siehe Biedenkopf) nicht nur dort – mit einem Hauch lustvoller rebellischer Provokation.« Der erfolgreiche Politiker verbinde »politischen Instinkt, Populismus, Stimmungs- und Problemsensibilität, Konzentration auf das Wesentliche, virtuose Medienpräsenz und Pragmatismus«.
Bei der Kernenergie machte sich Schröder wie viele damals Sorgen um die Beherrschbarkeit dieser Technik, er sagte aber auch, er sei »kein Maschinenstürmer«. In Sachen Brokdorf nannte er die Bestrebungen der Hamburgischen Elektrizitätswerke »Stamokap«, denn »Technokraten in einem Konzern treffen Entscheidungen gegen die Politik, für die sie sich nicht und nirgendwo rechtfertigen müssen«. Gleichzeitig wollte er aber den Befürwortern der Kernenergie keinesfalls jegliche Moral absprechen. Nach der Katastrophe von Tschernobyl klatschte er Joschka Fischer, dem bis dahin einzigen grünen Minister, Beifall, nachdem der erklärt hatte, »wir müssen nein sagen«. Trotzdem war Abschalten nicht die Option Schröders, sondern abwägend stellte er die Frage, »ob wir die Kraft finden umzukehren«. Die Mehrheit in der Gesellschaft sei für ein »Ausstiegskon-

zept«. Auch sein prinzipielles Nein zu Waffenexporten konnte Schröder im Falle deutscher Exporte nach Saudi-Arabien vergessen, weil er der Meinung war, nur durch eine Bewaffnung des Ölstaates könnte eine Interventionspolitik der Amerikaner in der Region verhindert werden. Eine Vielzahl solcher Korrekturen und Klarstellungen kennzeichnet den Weg des Politikers, aber auch des Privatmanns Schröder.

Schröder und die Frauen

»Der niedersächsische Ministerpräsident Gerhard Schröder und Frau Hiltrud Schröder haben sich getrennt. Sie unterhalten zwei Wohnungen. Zu den Beweggründen wird es keine Interviews geben.« Eine dürre Nachricht aus der Staatskanzlei überraschte Anfang März 1996 die Redaktionen, jedenfalls diejenigen, die Ohr und Auge nicht so nahe an den Machtzentren haben, wie sie gern behaupten. Gerade hatte der *Tagesspiegel* die Ehe der »Clintons von Hannover« noch als »ungefährdet« bezeichnet, da setzte »die deutsche Hillary« ihren Gerhard mitten in der Nacht vor der unbeheizten Staatskanzlei ab. Der hatte seiner Hillu eben sein Verhältnis mit der Journalistin Doris Köpf gebeichtet.

Daß die Ehe nun öffentlich aufgearbeitet wurde – »Schröder gegen Schröder« –, löste viele zynische Bemerkungen aus. Schließlich habe das Paar auch in guten Zeiten die Medien benutzt und »ihr privates Glück als politisches Stilmittel« eingesetzt, schrieb der *Spiegel*.

»Keine Game-Show war zu affig, keine Talk-Show zu peinlich, nicht rasch noch eine neue Folge aus der RTL-kompatiblen Serie ›Die Musterehe von Immensen‹ unterzubringen.«
Tatsächlich war Gerhard Schröder sogar bei Thomas Gottschalk und wurde damit sicher auch von Menschen wahrgenommen, die einen Ministerpräsidenten eher nicht einzuordnen wissen. Der »Anchorman der SPD in der Arena des politischen Entertainments« (*FAZ*) hat sich den Gesetzmäßigkeiten der Mediendemokratie angepaßt. Gerhard Schröder ließ die Medienleute immer ran an sich, hatte keine Scheu vor denen, die andere SPD-Granden Wegelagerer nannten oder denen wieder andere mit schärferen Pressegesetzen beizukommen versuchten.

»Anchorman der SPD in der Arena des politischen Entertainments.«

FAZ, 1996

»Ich kenne ihn seit Jahren«, sagte ein Bonner Korrespondent nicht ohne Stolz, als Schröder zum Kandidaten gemacht worden war, »wir duzen uns.« Schröder trank und diskutierte mit ihnen. Er war bereit, die Gesetze des Fernsehens zu akzeptieren – und zu nutzen. Einen Griesgram, der »verquält aus der Glotze guckt«, wähle man nicht, sagte Schröder einmal. Daß auch sein Privatleben damit öffentlich gemacht wurde, ist der

Preis, den er zu bezahlen hat. Dazu war und ist er offenbar bereit.
In seinem Buch *Reifeprüfung* hat Schröder Politik als Geschäft bezeichnet, das »in großem Maße durch die Wahrnehmung in der Öffentlichkeit bestimmt wird«. Wer erfolgreich sein wolle, müsse nicht nur gute Ideen haben, sondern es müsse ihm auch gelingen, diese mit der eigenen Person in Verbindung zu bringen. »Es gibt zwei Möglichkeiten, Politik zu machen. Eine ist, abzuwarten, wie sich die Dinge entwickeln; eine andere ist, gestaltend einzugreifen.« Dabei, das erkannte Schröder früh, konnten ihm die Medien helfen.
Jetzt aber, nach Seitensprung und Trennung, setzte es erst einmal Häme. Mit »Honig im Blick« wurde Schröder in den folgenden Wochen immer wieder beobachtet, sich verflüchtigend vom politischen Geschäft, hinein in Tagträume. Schröder sei zur Zeit »nicht zurechnungsfähig«, hieß es boshaft, weil er »nicht allzuviel Blut im Kopf« habe. Die Medien beobachteten den Ministerpräsidenten, wie er mit seiner Neuen »kichernd durch Münchner Grünanlagen tollt, Gänseblümchen pflückt und sich einen sanften Scharping-Bart wachsen läßt«. Und sie äußerten den Verdacht, aus dem »politischen Triebtäter« sei ein »liebestrunkener Faun« geworden. Schröder selbst hatte die Erkenntnis gewonnen, er habe sich bisher »zu sehr auf den Beruf fixiert. Aber das ist doch alles gar nicht so wichtig.«
Die »Firma« Schröder – Gerhard Schröders dritte, Hiltrud Hampels zweite Ehe – galt in den Medien als politisches Traumpaar, als Symbiose zweier politischer Köpfe. 1995 sagte er von ihr, sie sei »der einzige

Mensch, dem ich mich ausliefern würde«. Sein Leben sei zwar »erlebnisoffen«, den privaten Teil wolle er aber gern bewahren. Das Paar schaffte gemeinsam, was Gerhard Schröder allein nicht hätte schaffen können: Ökologie und Automann verbanden sich. Hillu setzte sich für Fledermäuse und Kolkraben sowie gegen Tiertransporte und für die Kinder von Tschernobyl ein, Gerhard für die Automobilindustrie, die Niedersachsens Kapital sei.

Bald sprach man von einer »Zweckgemeinschaft zur Erringung der Kanzlerschaft«. Die *Süddeutsche Zeitung* schrieb: »In der deutschen Politik ist dieses Duett ohne Beispiel. Keine andere Frau mischt sich so selbstverständlich in die Politik ihres Mannes ein wie Hiltrud Schröder. Keine übt ihre häusliche Beraterfunktion so angriffslustig und medienwirksam auch öffentlich aus. Die Frau an der Seite Gerhard Schröders ist selbst zu einem Politikum geworden.« Ihnen traute man eine Zukunft im Kanzlerbungalow zu wie den Clintons im Weißen Haus – allerdings ohne Affären. Der *Bunten* sagte Hiltrud Schröder im September 1995: »Wenn wir die Möglichkeit bekommen, dann machen wir das. Ich halte das für so wichtig, daß ich die Probleme, die damit verbunden sind, gerne unterordnen würde.«

Die Schröders waren bis zum Schluß und auch darüber hinaus ein Medienpaar. Offen berichtete(n) sie, daß zu Hause oft die Fetzen flogen, sie sich aber meist schnell wieder versöhnten. Ein gelebtes Beispiel einer modernen Ehe, wie es schien, in der gleichberechtigt und selbstbewußt Konflikte offen ausgetragen wurden. »Wir haben unser Privatleben vermarktet«, erkannte Hillu später in einem Gespräch mit der *Woche.* »Aber ich habe nicht geschauspielert. Ich dachte, wir haben eine schwierige, aber intakte Ehe.«

Offenbar war das ein Irrtum. Während die Vertrauten von Gerhard Schröder schon Bescheid wußten und bei Springer schon die Ausgaben für den nächsten Tag gedruckt wurden, die den niedersächsischen Ministerpräsidenten mit seiner neuen Liebe zeigten, offenbarte sich Schröder seiner Frau am 2. März 1996. Die Medien fragten, warum es so gekommen sei, und breiteten das Eheleben der beiden mit Lust aus:

Gerhard Schröder habe unter Hillus Kritik zu leiden gehabt, hieß es. »Sie begann den Ehemann öffentlich zu bevormunden«, schrieb Viola Roggenkamp in der Hamburger Wochenzeitung *Die Zeit.* Besonders zu Hause soll er von den drei weiblichen Familienmitgliedern – von Hillu und den Töchtern Wiebke und Franca – hart geprüft worden sein. Scherzhaft sprach er von seinem »Untersuchungsausschuß«.

Und dann war da noch die Sache mit dem vegetarischen Essen. »Nie gab es Currywurst«, wurde Schröder zitiert. Hillu meinte später in ihrem Interview mit dem Magazin der *Süddeutschen Zeitung*, ein Politiker mit seinem Terminplan sei ohnehin selten zu Hause, Defizite habe er in diesem Bereich sicher nicht gehabt. »Da brauchte man einfach etwas, um den Seitensprung zu legitimieren. (...) So albern das Thema war, es ist von seiner Seite sehr geschickt gemacht gewesen. Die Darstellung hat ihm Sympathien eingebracht. Dem armen Mann wird nicht über den Kopf gestreichelt, und vor allen Dingen kriegt er kein Fleisch zum Nagen.«

In einem Interview hatte Gerhard Schröder einmal die Vermutung geäußert, wenn er seine Frau betrügen würde, stünde sein Haus in Flammen. Hillu entgegnete der *Bunten*: »Das Haus würde ich nie anzünden, aber die Auswirkungen für ihn wären verheerend.«

»Das ist etwas, was er immer durchgehalten hat – seinen eigenen Traum.«

Hiltrud Schröder,
Exehefrau von Gerhard Schröder, 1996

Tatsächlich schickte sich Hillu Schröder in dem Interview mit dem *SZ-Magazin* ein paar Monate nach der Trennung an, die Drohung wahr zu machen. Ob sie manchmal von Rache träume? »Aber ich bitte Sie, ja.« Sie habe allerdings nach der Trennung nie irgendwas machen wollen, was ihm schadet. Das sei noch immer so. Aber sie setze sich »mit dem Politiker Schröder auseinander, ich gucke natürlich: Was macht er?« Wo der Politiker Schröder sich untreu geworden sei? »Beim Thema Atomkraft, beim Umwelt- und Naturschutz, bei der Landwirtschaftspolitik, da sind wir bei der Gentechnologie ...« Durchgehalten habe er seine Position nur in einem Punkt: im Streben, Bundeskanzler zu werden. »Das ist etwas, was er immer durchgehalten hat – seinen eigenen Traum.« Aber es gehe nicht darum, »was einer für sich erreicht«, meinte Hiltrud Schröder, »sondern es ging mir immer darum: Was können wir gemeinsam erreichen für die, die uns wählen?« Sie sprach von »wir« und von »uns«, und es war so gemeint: Einen Ministerposten, ja das Kanzleramt hatte sie sich schon 1993 zugetraut – »auch wenn das jetzt verrückt klingen mag«.

Nach der Trennung kam es auch zu einem »Medienkrieg«. Jedenfalls nannte Gunter Hofmann in der *Zeit* das so. Die Blätter bezogen mehr oder weniger deutlich Stellung hinter den Schröders. Hillu erzählte in *Bunte*, *Bild* und *Gala*, Gerhard Schröder im *Stern*. Der *Spiegel* berichtete über »Dallas, Denver, Hannover«. Die *Süddeutsche Zeitung* gab Hillu ein Forum. *SZ*-Chefredakteur Hans-Werner Kilz soll schon als Chefredakteur des *Spiegel* mit Schröder quer gelegen haben, kolportierte Hofmann. *Stern*-Redakteure dagegen sollen schon immer gut mit ihm gekonnt haben. Das Nord-Süd-Sympathiegefälle bezüglich des möglichen Kandidaten wurde entdeckt.

Entgegen vorherigen Befürchtungen brachte die Trennung Schröder letztendlich keine Minuspunkte ein, weder bei den Wählern noch bei den Medien. Nur – oder: ausgerechnet – eine »Linke Fachschaftenliste/Basisgruppen Göttingen (LiFaBa)« echauffierte sich auf eher kleinbürgerliche Manier: In einem Kommentar zur Affäre, den sie dem Internet anvertrauten, ereiferten sich die Studenten, daß »Schröder auch seine Ehefrauen je nach Konjunktur wechselt« und »nicht einmal drei Monate zwischen Scheidung und Wiederverheiratung lagen«.

Es waren nur 22 Tage. Die »Neue«, Doris Köpf, ist Journalistin und 19 Jahre jünger als er. Auch sie stammt, wie Gerhard Schröder, aus dem Arbeitermilieu einer bayerischen Kleinstadt, ihr Vater war Werkzeugmechaniker, sie Klosterschülerin. Nach einem Volontariat arbeitete sie für *Bild* und *Express* in Bonn. 1990 war sie mit dem ARD-Korrespondenten Sven Kuntze nach New York gezogen, kehrte von dort als alleinerziehende Mutter mit ihrer heute siebenjährigen Tochter Klara zurück. Gerhard Schröder lernte sie als *Focus*-Redakteurin 1996 bei einem Pressetermin kennen. Nach Hannover umgezogen, arbeitete sie ein paar Monate lang als freie Mitarbeiterin bei einem Lokalradiosender in Hannover, nach der Hochzeit zog sie sich ins Privatleben zurück. Die Medienöffentlichkeit lag ihr, da sie nun auf der anderen Seite stand, sichtlich nicht. Zumal die Kollegen sie nicht gerade mit Samthandschuhen anfaßten. Ihr wurde eine hingebungsvolle Bewunderung für Schröder attestiert, was ihr das sicherlich ungerechte Image eines »blonden Dummchens« einbrachte. »Für Gerhard – Doris Köpf wird Hausfrau«, titelte die *Bunte*. Später, ließ sie wissen, würde sie gern als Chefredakteurin einer Regionalzeitung in den Journalismus zurückkehren. Jedoch erst dann, wenn ihr Mann »keine Politik mehr macht«. Da lachten viele Kollegen, und die *Augsburger Allgemeine Zeitung* lud sie ein zum Probesitzen. Politischen Ehrgeiz scheint Schröders vierte Ehefrau dagegen nicht zu hegen. Nach einem unglücklichen Interview mit einer türkischen Zeitung über die Türkeipolitik der Bundesregierung Kohl/Kinkel versprach Doris Köpf, künftig alle Interviews vorher mit dem Team ihres Mannes abzusprechen.

Die standesamtliche Trauung blieb geheim und fand im Oktober 1997 im engsten Kreis der Familie statt, nur zwölf Personen nahmen teil. Trauzeugen waren Schröders Freund und Anwalt Götz von Fromberg sowie der Bruder der Braut, Patentanwalt Alfred Köpf. Im Gasthaus Buchholzer Windmühle in Hannover gab es anschließend Kartoffelsuppe und gebratene Ente.

Rund 40 Reporter und zehn Kamerateams waren am 9. März 1998 bei der Hochzeitsfeier im Grünen Pelikan zu Hannover anwesend. »Das Buffet ist eröffnet – es gibt auch Fleisch«, sagte Schröder mit einem Seitenhieb auf seine geschiedene Frau Hillu, die Vegetarierin ist. Zu den 100 Gästen gehörten unter anderen VW-Chef Ferdinand Piëch, Tagesthemen-Moderator Ulrich Wickert, die Chefredakteure Stefan Aust (*Spiegel*), Manfred Bissinger (*Die Woche*), Helmut Markwort (*Focus*) und Werner Funk (*Stern*) sowie der potentielle Schröder-Nachfolger in der niedersächsischen Staatskanzlei, Gerhard Glogowski, Nordrhein-Westfalens früherer Wirtschaftsminister Wolfgang Clement und Bayerns SPD-Chefin Renate Schmidt. Oskar Lafontaine und Rudolf Scharping waren nicht dabei.

**»Schröder ist ein Mann ohne Freunde,
ohne Kumpel aus früheren Zeiten.
Seine einzigen Freunde sind seine Frauen.«**

Peter von Oertzen in: *Die Weltwoche,* 1998

»Schröder ist ein Mann ohne Freunde, ohne Kumpel aus früheren Zeiten«, zitierte *Die Weltwoche* Peter von Oertzen, Schröders Ziehvater und Weggenossen der siebziger Jahre. »Seine einzigen Freunde sind seine Frauen.« Und selbst denen blieb er bisher nicht ein Leben lang treu.

Schröder und der Wille zur Macht

Darf man, weil das Private das Politische ist und ein Politiker sein Wesen weder vor der Haustür noch vorm Kanzleramt einfach austauschen kann wie sein Sakko, die Unstetigkeit als Charakterzug Schröders festhalten? Ist Schröder ein politisches Chamäleon, der ein feines Gespür hat für Stimmungen in der Bevölkerung und der sein Fähnchen einfach in den Wind hängt? Oder ist er einfach Realist, der langfristige Ziele durchaus hat, aber auch erkennt, welche sich heute umsetzen lassen, welche besser verschoben und welche gar aufgegeben werden? Setzt Schröder einfach Prioritäten, am Ende vielleicht sogar die richtigen?

Peter von Oertzen, dessen Nachfolger als Vorsitzender des Parteibezirks Hannover Schröder 1983 wurde, nannte ihn ein »politisches Naturtalent«. Bewiesen hatte er es, als es ihm als Juso-Vorsitzendem gelang, den zerstrittenen Laden wieder zu befrieden. Das abfällige Wort von »Schmidts Söhnen« dürfte er damals eher als Auszeichnung verstanden haben. Von Oertzen erzählte der *Weltwoche* aus alten Juso-Zeiten: »Der Politiker von heute war schon in ihm angelegt, auch wenn er alle Prinzipien von damals über Bord geworfen hat.« Damals habe er erkannt, daß er bei den Jusos nur mit einer linksradikalen Position Macht gewinnen kann. Schrö-

der wurde 1978 als Kompromißkandidat zwischen dem sogenannten Stamokap-Flügel (der den Staat als Instrument der Konzerne sah) und Reformsozialisten Juso-Chef.
»Macht war für ihn immer ein zentraler Wert«, erinnert sich von Oertzen. »Ich habe Schröder stets für einen der talentiertesten Politiker gehalten. Er hat ein Gespür für Menschen, kann mit ihnen umgehen, sie führen bis an die Grenze der Vergewaltigung, sie zwingen, gegen ihren Willen etwas zu tun. Er ist ein Naturtalent mit angeborenem Sinn für Taktik, für Situationen.« Utopien habe er keine gehabt, jedenfalls »nicht im Sinne eines ideellen Konzepts«.
Wenige Jahre später, Schröder war gerade zum Spitzenkandidaten der niedersächsischen SPD gekürt worden, nannte ihn die *FAZ* einen »Vollblut-Politiker«, weil er in der Lage sei, »Kompromisse in Hinterzimmern auszuhandeln«. Vollblut-Politiker nannte man auch Franz Josef Strauß, und der war alles andere als ein Opportunist.
Auf die Frage, ob denn noch etwas geblieben sei vom früheren Marxisten, dem Juso-Vorsitzenden Gerhard Schröder, antwortet der: »Die Konsequenz.« Herbert Riehl-Heyse meinte in der *Süddeutschen Zeitung*, es sei »die Konsequenz, mit aller Kraft ganz nach oben zu wollen – und koste es manche frühere Überzeugung und manchen früheren Freund«. Das Faszinierende an Schröder sei, daß er sich – eigentlich eine Todsünde unter Politikern – ganz ungeniert seinen Willen zur Macht anmerken lasse. Daß er daraus kein Geheimnis mache, so Riehl-Heyse etwas ratlos, lasse ihn »merk-

würdigerweise dann auch ganz sympathisch« erscheinen.

Die Weltwoche schrieb wenige Wochen vor der Wahl: »Was immer Schröder als Wahlkämpfer sagte und jetzt als Kanzlerkandidat wiederholt, es wirkt auch aus der Gebetsmühle neu, weil er sich wie ein Wanderprediger auf jedes Publikum einstellt. Er ist das Neue, weil er das Neue will. Das ist die Botschaft, so wird er wahrgenommen.«

»Was immer Schröder als Wahlkämpfer sagte und jetzt als Kanzlerkandidat wiederholt, es wirkt auch aus der Gebetsmühle neu, weil er sich wie ein Wanderprediger auf jedes Publikum einstellt. Er ist das Neue, weil er das Neue will. Das ist die Botschaft, so wird er wahrgenommen.«

Die Weltwoche, 1998

Vielen fehlt neben dem Machtwillen das Programm. Ein Schwerpunkt seiner politischen Ziele aber, so etwas wie eine Vision, ist Gerhard Schröder zumindest nicht abzusprechen, auch wenn der Begriff Nebelhaftes, Verschwommenes, Unklares umschreibt. Auf dem Parteitag in Hannover formulierte er bei der Vorstellung seines Antrags »Innovationen für Deutschland« das Ziel so: »Es gilt, die notwendigen Innovationen, den Aufbruch, den Umbau, den Fortschritt, in Einklang zu bringen mit

Gerechtigkeit, mit Solidarität, mit Chancengleichheit, mit der Teilhabe eines jeden am Wohlstand. Teilhabe-Gesellschaft statt Ellenbogenmentalität, das ist ein wirklich modernes Konzept. Die Älteren erinnern sich: 1969 stand die deutsche Sozialdemokratie schon einmal bereit, den Karren aus dem Dreck zu ziehen. Unsere Parole hieß damals: ›Wir schaffen das moderne Deutschland.‹ Willy Brandt sprach damals vom ›Modell Deutschland‹ – die Welt tat es auch. (...) In diesem Sinne knüpft unser Antrag an 1969 an. Er ist inhaltlich eine Erneuerung des Modells Deutschland, und es stünde ihm gut, wenn sein Titel wäre – anknüpfend an Willy Brandt: ›Wir schaffen das moderne Deutschland.‹«
Mal sehen, wie das aussehen könnte.

3. Der Pragmatiker: Konsens als Programm oder: Was ist modern an Gerhard Schröder?

Die SPD gibt sich mit Gerhard Schröder modern. Seine Auftritte, mit Musik, sind mediengerechte Spektakel. Viel Glanz, kaum Fakten. Eine Stunde und 49 Minuten dauerte seine Rede auf dem Sonderparteitag von Leipzig. Sie wurde live im Internet übertragen, was die Medien mangels weiterer Sensationen herausstellten. Der Kandidat legte sich kaum fest. Dafür adelte ihn Exbundeskanzler Helmut Schmidt mit einer warmen Rede. Die Inhalte des Wahlprogramms wurden in Leipzig nicht diskutiert, nur abgehakt, und auch sonst war der Parteitag eine Schröder-Show.

Der fränkische Pfarrer Ulrich Schneider drohte diese Harmonie zu sprengen. Er hatte es gewagt, eine eigene Kandidatur anzumelden. Genauer: Die 37 Mitglieder seines Ortsverbands Neunkirchen am Brand hatten ihn vorgeschlagen und, versehen mit einem Antrag, nach Leipzig delegiert. Auf dem Parteitag wollte Schneider sein Konzept eines »energiesteuerfinanzierten Grundeinkommens« vorstellen, realistischerweise zur Zeit nicht zu machen – schon gar nicht mit Gerhard Schröder. Dennoch: »Zur Umsetzung dieses Programms schlägt der Ortsverband Neunkirchen Ulrich Schneider als Kanzlerkandidat vor.« Als Schneider am Vorabend des Parteitags eine Parteiveranstaltung besuchte, wurde er von einem Fernsehteam des NDR befragt. Ein Vorstandsmitglied zerrte ihn daraufhin aus der Messehalle. Mit einer gekauften Eintrittskarte suchte er erneut Zugang und wurde wieder der Halle verwiesen, dieses Mal außerdem mit einem Hausverbot versehen. Dies geschah »auf direkte Weisung von Bundesgeschäftsführer Franz Müntefering«, wie Schneider erfahren haben will. Außerdem strich die Antragskommission aus dem Antrag des Ortsvereins die Bewerbung Schneiders heraus. Er habe sich nicht an »Verfahrensregeln« gehalten, hieß es. Die Kandidatur war damit erledigt.

Es gab Zeiten, in denen sich Gerhard Schröder, sehr zum Unwillen von Kanzlern und Parteivorsitzenden, für andere Meinungen in der Partei und für Demokratie in ihr einsetzte. Doch jetzt hatten der Kandidat und die SPD ein Ziel vor Augen.

Daß nicht auch nur ein Tröpfchen Wasser in den Wein fiele, darauf achtete auch der Redner. »Helmut Schmidt war es, der die Mitte in bester Weise vertreten hat und die wir auch durch eigene Fehler verloren hatten«, stand im Manuskript. Vor den Fernsehkameras ließ Schröder das Bekenntnis zu Fehlern der SPD aus. Statt dessen wurde die Mannschaft beschworen, die Doppelspitze und die glorreichen Regierungszeiten unter Brandt und Schmidt. Wahlkampf.

Heribert Prantl urteilte in der *Süddeutschen Zeitung*: »Niemand weiß, nach welchen Regeln Schröder Politik machen und mit welchem Partner er spielen will; er weiß es wohl nicht einmal selbst, aber er beherrscht die

Spielregeln der Medienwelt. Der verschwommene Gehalt seiner politischen Botschaft gehört dazu ... Interessanter als das, was Schröder sagt, ist das, was er nicht sagt: Kein Wort zur Integration von Ausländern in Deutschland, kein Wort zu den Bürgerrechten, wenige sorgfältig komponierte Sätze zur inneren Sicherheit. Schröder ist entschlossen, aber nicht festgelegt, seine Stärke ist die unbestimmte Kompetenz. Allen wohl, niemand weh – SPD.«

»Niemand weiß, nach welchen Regeln Schröder Politik machen und mit welchem Partner er spielen will; er weiß es wohl nicht einmal selbst, aber er beherrscht die Spielregeln der Medienwelt. Der verschwommene Gehalt seiner politischen Botschaft gehört dazu. (...) Schröder ist entschlossen, aber nicht festgelegt, seine Stärke ist die unbestimmte Kompetenz. Allen wohl, niemand weh – SPD.«

Heribert Prantl in: *Süddeutsche Zeitung,*
nach dem Parteitag der SPD in Leipzig 1998

Das ist eine ebenso zutreffende wie elitäre Beurteilung. In der Demokratie zählen Stimmen, und die gewinnt man in der Fernsehgesellschaft nicht mit fein abgewogenen Papieren, die nach monatelangen abwägenden

Verhandlungen zu Parteibeschlüssen gerinnen. Das hat die SPD jahrelang falsch gemacht. Schröder hat offenbar den in diesen Zeiten richtigen Weg gewählt. Die Wähler wissen nicht, aber sie glauben. Als Schröder mit 47,9 Prozent in Niedersachsen das beste SPD-Ergebnis in diesem Bundesland erzielt hatte, hielten ihn sogar mehr als die Hälfte der CDU-Wähler für einen »Sieger-Typen«. Das hat sich jetzt bei der Bundestagswahl fortgesetzt.

Nach der damaligen Analyse der Forschungsgruppe Wahlen holte Schröder Stimmen in der Mitte ab und bei den über 60 Jahre alten Frauen. Auch die Stammwähler, die Arbeiter (61 Prozent, gewerkschaftlich organisierte sogar 74 Prozent), hielten zum SPD-Frontmann. Keine Rede davon, Schröder schrecke alte Stammwähler ab. Im Gegenteil: Er gewann frühere Nichtwähler hinzu, Anhänger der Grünen und der Republikaner. Und sogar die Arbeitslosen wählten zu 60 Prozent den »Automann«. Schröders Image als Macher, der noch etwas bewegt, wo andere längst resigniert haben, hat die Urnengänge des Jahres 1998 entschieden. Erstmals glaubten die Wähler wieder, mit ihm besitze die SPD neben der sozialen auch größere wirtschaftspolitische Kompetenz als die Union.

Indem auf Minderheitenpositionen – die von Prantl angesprochenen Bürgerrechts- und Ausländerfragen, aber weitgehend auch ökologische Themen – verzichtet wurde, ist Schröders Erfahrung erfolgreich umgesetzt: Die bloße Addition von Minderheiten schafft keine Mehrheiten. Der letzte Abschnitt des Wahlprogramms hieß denn auch folgerichtig: »SPD: Politik für die Mehrheit.«

Die SPD mit Schröder will heute nicht mehr der Betriebsrat der ganzen Gesellschaft sein. Statt sich im kleinen zu verzetteln, hoffen viele jetzt auf große Würfe.
Aber was ist modern an Gerhard Schröder? Sind seine Positionen, seine Ziele fortschrittlich? Auf der SPD-Homepage breitet der Kandidat seine Arme aus und wirbt für Ausgleich: »Welche Ideen Gerhard Schröder für eine neue soziale Marktwirtschaft hat.« Zentraler Satz und so etwas wie das ganz persönliche Programm des neuen Kanzlers: »Wir brauchen wieder einen Konsens in Deutschland.« Während der letzten Monate benutzte Schröder dieses Wort immer wieder: Konsens. Schließlich hatte sich die bundesrepublikanische Version der Volksgemeinschaft schon einmal bewährt. »Konsens war ein konstitutives Element unserer Demokratie. Nach dem Krieg war er Bedingung für den Wiederaufbau.« Es gehe heute um ein faires Abwägen zwischen Geben und Nehmen. »Ludwig Erhard hatte dafür seine Worte. Karl Schiller nannte es ›Konzertierte Aktion‹. In der internationalen Literatur gibt es dafür das Wort vom ›Rheinischen Kapitalismus‹. Man kann es auch ›Bündnis für Arbeit‹ nennen.«
Nach den Jahren der zunehmenden Individualisierung hofft die SPD mit Schröder offenbar wieder auf die große Einheit unter den Deutschen: »Wenn es ernst wird, stehen wir zusammen: die Unternehmer, die Gewerkschaften, die Politik und die Fachleute«, warb Schröder. »Nur eine gemeinsame Anstrengung kann aus dem Schlamassel führen.« Die Reihung entbehrt einer gewissen Komik nicht. Die Fachleute, damit war sicher die Wissenschaft gemeint. Aber welche? Sollen Sozial-

wissenschaftler an die Seite der Gewerkschaften rücken oder Ökonomen wie der Schröderberater Alfred Tacke in die Reihen der Unternehmer? Welches Lager wird sich durchsetzen am runden Tisch des Gerhard Schröder?
Der Kanzler sprach sich für »eine neue Synthese – einen neuen Gesellschaftsvertrag – zwischen Ökonomie und Arbeitsmarkt« aus, für »ein faires Abwägen zwischen Geben und Nehmen«. Aber was ist fair, wenn eine Seite fordert und die andere alle Kraft benötigt, um die fortwährenden Schürfungen am sozialen Flöz abzuwehren? Gab es in der Bundesrepublik nicht einmal einen Konsens bezüglich dessen, was unter Gerechtigkeit zu verstehen sei?

»Einer aus der Reihe telegener, aber charakterloser fünfzigjähriger männlicher Politiker.«

Micha Brumlik in: *Blätter für deutsche und internationale Politik,* 1998

Die Zeiten haben sich geändert, könnte eingewendet werden. Dennoch: Schröders Worte sind Worte, die heute alle gebrauchen. Wer sollte da mäkeln? Die CDU: »Die SPD arbeitet nur mit Schlagworten. Sie sagt nicht, was ›Gerechtigkeit‹ sein soll.« Da ist was dran, mit der CDU-eigenen Definition für Gerechtigkeit sind die Jobsuchenden allerdings auch keinen Schritt weiter: »Für uns ist sozial gerecht, was Arbeitsplätze schafft.« Nach diesem Maßstab ist es ziemlich ungerecht zugegangen in den letzten Jahren der konservativ-liberalen Koalition. Ungenügend ist auch die bloße Forderung von »Arbeit für alle«, wenn die meisten keinen angemessenen Verdienst aus dieser Arbeit erzielen können. Sowohl die Union als auch deren Koalitionspartner FDP hatten in der Vergangenheit nichts anderes zu bieten als den Verweis auf die USA, wo die Arbeitslosenzahlen gesunken seien. Aber um welchen Preis? Einen großen Anteil an den neuen Jobs besetzen die Ungelernten, »working poor«, die trotz Arbeit arm sind. Und trotz der »Dumping-Löhne« (der Berliner Ökonomieprofessor Jan Priewe in der Ost-West-Wochenzeitung *Freitag*) sind ungelernte Arbeitskräfte in den USA, wo die Zahl der in offiziellen Statistiken arbeitslos Gemeldeten bei fünf Prozent liegt, genauso oft ohne Job.

Welche Ideen für eine neue soziale Marktwirtschaft hat nun Gerhard Schröder? Zunächst alte: »Die Marktwirtschaft ist ohne Alternative, wenn individuelle und kollektive Kreativität und Leistungsbereitschaft gedeihen sollen.« Der Markt sei aber »nicht Selbstzweck«, sondern »ein Instrument«. Dem Markt, sagte Schröder zu Recht, »müssen Ziele gesetzt, ihm müssen Moral und Richtung gegeben werden. In ihm müssen Interessen gegeneinander abgewogen werden. Der Staat muß Gerechtigkeit einfordern und durchsetzen.« Damit widersetzt er sich den neoliberalen Positionen, wie sie die FDP oder Unternehmensverbände vertreten. »Kluge Ökonomen wissen, das ist kein Markthemmnis. Sondern es sichert auf Dauer seine gesellschaftliche Akzeptanz und sein Überleben.«

Was aber geschieht, wenn nicht alle Interessen verwirklicht werden können? Welche fallen dann unter den Tisch, aus dem Konsens?

Schröder, die Autos und die Wirtschaft

Für die Sorgen der Wirtschaft hat Gerhard Schröder immer ein offenes Ohr. Als Dow Chemical in Stade von der Mitteilung überrascht wurde, statt einem Pfennig künftig zwei Wasserpfennige bezahlen zu müssen, rief Werkleiter Enno Schüttemeyer direkt in der Staatskanzlei an. Es ging immerhin um zwei Millionen Mark. Schröder lud den Manager ein und bestellte die involvierten Minister dazu. Das Problem wurde mit einem Kompromiß beiseite geräumt: ein halber Pfennig Erhöhung, der Rest darf gegen Investitionen zur Oberflächenwasserreduzierung verrechnet werden. So einer gefällt der Industrie, die sich sonst durch allzuviel Bürokratie gebremst fühlt.

Die Führungskräfte der Wirtschaft hatten Gerhard Schröder in einer Umfrage der Zeitschrift *Capital* schon 1995 zu ihrem Wunschkandidaten gekürt. Gerade hatte Schröder erklärt, warum der Samstag künftig nicht mehr Vati gehören, sondern zum Regelarbeitstag werden solle: Die internationale Wettbewerbsfähigkeit der Automobilindustrie könne sonst nicht gesichert werden. VW-Chef Ferdinand Piëch, dessen Berufung Schröder in einer seiner ersten Amtshandlungen als Ministerpräsident in Hannover und VW-Aufsichtsratschef zugestimmt hatte, nannte Schröder dankbar einen »strategischen Kopf mit ungewöhnlicher wirtschaftspolitischer Kompetenz«. Auf Schröders Veto hin war 1994 das Tempolimit aus dem SPD-Wahlprogramm herausgenommen worden. Später hatte er bei den Verhandlungen zwischen VW-Vorstand und Zulieferern vermittelt, die wegen der harten Kostensenkungspolitik von José Ignacio López um ihre Gewinne hatten fürchten müssen. Und schließlich war es Gerhard Schröder gewesen, der am 11. August 1995 Ferdinand Piëch (Volkswagen), Helmut Werner (Mercedes-Benz), Wendelin Wiedeking (Porsche) und Bernd Pischetsrieder (BMW) sowie die süddeutschen Ministerpräsidenten Erwin Teufel und Edmund Stoiber zum »Autogipfel« nach Bonn geladen und die Zukunft des Automobils erörtert hatte. Die Umweltpolitiker in der Partei schäumten.

Die Theorie vom staatsmonopolistischen Kapitalismus, vom Staat und den Politikern als Instrument der »Monopole«, der Gerhard Schröder als Jungsozialist gar nicht so fern war, hat ja heute bei allen im Parlament vertretenen Parteien ausgedient. Doch Schröders ungeniertes Eintreten für die Autobranche hat durchaus Verwirrung erzeugt.

Ulrich Rosenbaum schrieb in seiner Scharping-Biografie über Schröders uneingeschränktes Eintreten für López: »Ein Sozialdemokrat, der einen Mann unterstützt, der zum Frühkapitalismus zurückwill? Wenn Schröder in jenen Tagen einmal in eine Versammlung wie den Unterbezirksparteitag Dortmund hineingelauscht hätte, wäre ihm klargeworden, was er in der SPD mit seiner Funktion als VW-Aufsichtsratsvorsitzender angerichtet hat.«

»Strategischer Kopf mit ungewöhnlicher wirtschaftspolitischer Kompetenz.«

Ferdinand Piëch, Vorstandvorsitzender
der Volkswagen AG, 1995

Gewonnen hat er dafür Bündnispartner bei den Managern. Der Unternehmensberater Roland Berger, der als Vertrauter Schröders sogar schon als ein Minister im künftigen Kabinett gehandelt wurde, hält ebenfalls viel von Schröder. Der sei ein »ernstzunehmender Mann« mit einem »Gespür für Veränderungen in unserer Zeit«, ganz und gar nicht opportunistisch oder populistisch, sondern »pragmatisch. Das brauchen wir in der Politik.« Berger sagte in einem *Spiegel*-Gespräch, in Deutschland müsse der Übergang von der traditionellen Industriegesellschaft zur Wissens-, Dienstleistungs- und Informationsgesellschaft beschleunigt werden. Das gehe nur, wenn man »freies Unternehmertum« zulasse. »Schröder hat das begriffen, da bin ich mir ganz sicher.«

Was zum beschleunigten Übergang gehört, sagte Berger auch: Es brauche eine Rückkehr zur sozialen Marktwirtschaft statt des aktuellen Wohlfahrtsstaates – Renten reformieren, Staatsausgaben runter, bei Arbeitslosengeld und Sozialhilfe kürzen und von den Empfängern Arbeitsleistung verlangen. Das waren neoliberale Positionen, die Gerhard Schröder so ähnlich auch schon formuliert hatte, und Roland Berger reklamiert für sich: »Ich bin sicher, daß einige der marktwirtschaftlichen Tendenzen, Ideen und Haltungen, die Schröder immer wieder äußert, auch auf Gespräche zwischen uns zurückzuführen sind. Das gilt auch für einige wesentliche Entscheidungen, die er getroffen hat.«

Auch der Veba-Vorstandsvorsitzende Ulrich Hartmann hat mit Schröder »gute Erfahrungen gemacht«, und die chemische Industrie darf ebenfalls mit dem neuen Kanzler zufrieden sein: »Wenn wir die Entscheider in der chemischen Industrie fragen«, sagte Schröders Berater, der niedersächsische Wirtschaftsstaatssekretär Alfred Tacke, in der *Zeit*, »was sie von der Energiesteuer halten, sagen die uns: Nichts, es sei denn, ihr zahlt sie selber.« Damit sei »die Sache klar, denn wir wollen, daß die ihre Buden hierbehalten«. Auch der Telekom hat Schröder einen Gefallen getan, wie Tacke berichtete: »Wir haben im Bundesrat die Wegegebühr für Kabel weggeputzt, die von den Kommunen gefordert wurde, das wird die Telekom uns nie vergessen.« Und schließlich freut sich auch Daimler-Chef Jürgen Schrempp nicht nur über den Einsatz des Ministerpräsidenten für die Automobil-Teststrecke im Papenburger Moor, sondern auch über dessen Festhalten am Eurofighter.

Gerhard Schröder steht bis heute dazu, und nicht einmal Oskar Lafontaine fragte bei so viel Rücksichtnahme auf die Industrie-Interessen, ob all diese Wohltaten nicht der deutsche Beitrag zum allgemeinen Standort-Dumping-Wettstreit seien. Von Gerhard Schröder war 1997 und 1998 kein Wort darüber zu hören, warum die steigenden Umsätze beim Export – die Wirtschaftsforschungsinstitute sprachen in ihrem Herbstgutachten 1997 von einem »regelrechten Boom« – nicht zu neuen Arbeitsplätzen geführt haben. Die sozialen Auseinan-

dersetzungen wurden – wenn überhaupt – woanders geführt als bei und mit der SPD.
Auch auf anderen Gebieten purzelten bei Gerhard Schröder ehemals eiserne Überzeugungen: Während er 1990 noch das Festhalten der Regierung in Bonn am Jäger 90 als »unsozial« gegeißelt und drastische Schnitte im Wehrhaushalt verlangt hatte, forderte er drei Jahre später die Fortsetzung des nun Eurofighter genannten Projekts. Rüstungsexporte in Nicht-Nato-Länder wollte er während des Golfkriegs verboten wissen, später befürwortete er U-Boot-Exporte nach Taiwan.
Die Industrie schätzt diesen »arbeitsmarktpolitischen Realismus«. Selbst der Präsident des Bundesverbands der Deutschen Industrie (BDI), Hans-Olaf Henkel, stufte Schröder im *Spiegel*-Gespräch auf einer Skala zwischen null und zehn bei sechs Punkten ein.
Alte sozialdemokratische Ziele, etwa das, eine sozial und ökologisch gerechte Gesellschaft zu schaffen, gelten Schröder als nicht mehr zeitgemäß. Gerechtigkeit sei ohnehin nicht mehr absolut zu erreichen. Auf die Ökologie sei in den letzten Jahrzehnten genug geachtet worden, jetzt sei wieder die Ökonomie am Zug. Eine Ökologische Steuerreform, meinte Schröder im Februar 1996, »müssen wir uns für die nächsten Jahre abschminken. Die SPD darf nicht länger der Wirklichkeit entfliehen.« Für Wachstum und Innovation zu sorgen, darin sieht in Zeiten der sogenannten Globalisierung nicht nur Gerhard Schröder die erste Politikerpflicht.
Sein Wirtschaftsprogramm gab Schröder am klarsten und in geraffter Form in einem Interview mit der Hamburger Zeitschrift *Die Woche* bekannt. Damals war Ru-

dolf Scharping noch Parteichef und designierter Kohl-Herausforderer. Es gehe heute, sagte Schröder, »nicht mehr um sozialdemokratische oder konservative Wirtschaftspolitik, sondern um moderne oder unmoderne«. Man könne die Absichten zwar noch verschieden aufschreiben, »aber man kann moderne Wirtschaftspolitik nicht mehr verschieden praktizieren«.
Rudolf Scharping, der einen Verrat an unverrückbaren sozialdemokratischen Zielen erkannte, entzog seinem innerparteilichen Widersacher daraufhin die Funktion als wirtschaftspolitischer Sprecher der Partei. Doch 1997 standen im Wirtschaftskonzept der SPD (»Innovationen für Deutschland«) Sätze wie: »Wirtschaftswachstum ist für die Schaffung von Arbeitsplätzen unverzichtbar.« Im Wahlprogramm der SPD lautet dann der erste Satz des ersten Kapitels (»Starke Wirtschaft – neue Arbeit«): »Deutschland braucht mehr Wachstum und neue Arbeitsplätze.« Danach folgt das Werben um Konsens: »Wir wollen ein Bündnis für Arbeit, Innovation und Gerechtigkeit schmieden: Nur mit einer großen gemeinsamen Anstrengung von Arbeitnehmerinnen und Arbeitnehmern, Unternehmen, Wissenschaft und Politik können wir die wirtschaftlichen und sozialen Probleme unseres Landes lösen.«
In Leipzig, wo ihn die Partei offiziell zum Kandidaten kürte, sagte Gerhard Schröder zufrieden: »Nie war das Programm einer Partei so nah an ihrem Kandidaten, nie war ein Kandidat so nah an seinem Programm.« Nicht viele klatschten bei diesem Satz; vielleicht haben die Delegierten erst zu diesem Zeitpunkt erkannt, was mit ihnen und der SPD geschehen war. Rückblickend hat

sich die Partei tatsächlich nicht immer freudig, aber zielstrebig auf Schröders Modernisierungskurs eingelassen:

Auf einem Innovationskongreß im Mai 1997 in Düsseldorf fiel erstmals auf, daß die SPD sich einen neuen Anstrich geben wollte, der zu Schröder paßt. In einem 21 Seiten starken Manifest stellten neun Autoren »Innovationen für Deutschland« vor. Neben Oskar Lafontaine sowie Gerhard Schröder arbeiteten der frühere NRW-Wirtschaftsminister Wolfgang Clement, die schleswig-holsteinische Ministerpräsidentin Heide Simonis, ihr brandenburgischer Kollege Manfred Stolpe, der damalige Hamburger Erste Bürgermeister Henning Voscherau und NRW-Chef Johannes Rau mit, außerdem Fraktionschef Rudolf Scharping und EU-Kommissarin Monika Wulff-Mathies. Markt und Leistung wurden darin als Prinzipien anerkannt, neue Beschäftigungsfelder sollen erschlossen werden durch »frühzeitigen Einstieg in neue technologische, qualifikatorische und gesellschaftliche Entwicklungen, um damit Vorsprünge gegenüber Mitkonkurrenten zu entwickeln und notwendige gesellschaftliche Anpassungen rechtzeitig einzuleiten«. Insbesondere in der Gen- und Biotechnologie sehen die Autoren vielfältige Chancen. Die USA werden als »Beleg für eine innovationsorientierte Erfolgsstory« bezeichnet.

Mit der Veröffentlichung und Diskussion von zwölf Eckpunkten eines wirtschaftspolitischen Reformkonzepts stellte Schröder im September 1997 »einige liebgewordene Traditionen in Frage«. Es handelte sich bei den Eckpunkten, so Schröder ausdrücklich, »nicht um ein SPD-Papier«. Dem Diskussionskreis gehörten »hochrangige Vertreter der Wirtschaft« an, »die vermutlich mehrheitlich anderen Parteien näher stehen als der SPD«. Seine Partei, insbesondere die linken und ökologischen Kräfte, aber auch die auf Erhalt der Sozialstandards bedachten »Traditionalisten«, dürfte heftige Schluckbeschwerden verspürt haben, als Schröder die Eckpunkte auf einem Forum der Friedrich-Ebert-Stiftung vorstellte.

»Macht war für ihn immer ein zentraler Wert.«

Peter von Oertzen in: *Die Weltwoche,* 1998

Daß Schröder ein Mann ist, der »extrem gut zuhören kann«, hat Roland Berger im *Spiegel* gelobt, daß er auch umsetzt, was er gehört und für richtig befunden hat, zeichnet ihn in gewisser Weise aus. Was er in seinem Diskussionskreis gehört hatte, klang in den »Eckpunkten« so: »Wir werden unternehmerischen Geist und unternehmerische Tatkraft überall und bei jedem in Deutschland ermutigen und fördern, denn: Wo sich die wirtschaftlichen Grundlagen der Gesellschaft dramatisch verändern, sind Innovationsfähigkeit und Innovationsgeschwindigkeit der Schlüssel aller Modernisierungsstrategien.« Das war der erste Satz des Papiers, und bei der Erläuterung der Thesen wurde deutlich, wo der Kanzler Modernisierungsbedarf in erster Linie sieht: »Ohne Wirtschaftswachstum wird es nicht gelingen, die

Arbeitslosigkeit entscheidend zu senken.« Der Satz verkündete erklärtermaßen auch Schröders »eindeutige Position« zur Diskussion über die ökologische Vertretbarkeit von Wirtschaftswachstum. Außerdem forderte Schröder schnelleren technischen Fortschritt und mehr Risikobereitschaft, eine »neue Balance« zwischen Flexibilität und sozialer Absicherung, und er kündigte sozialdemokratische Selbstverständlichkeiten auf, als er erklärte, daß sich die Arbeitslosigkeit zwar »senken, aber nie abschaffen« lasse.

Auch im Leitantrag »Innovationen für Deutschland«, formuliert von Schröder, Anke Fuchs und Sachsen-Anhalts Ministerpräsident Reinhard Höppner, wird Wachstum, diesmal in einem SPD-Papier, als unverzichtbar für die Schaffung von Arbeitsplätzen erklärt. Bio-, Gen- und Informationstechnologien gelten als Innovationsfelder der Zukunft. »Die Sicherung von Wohlstand und Wettbewerbsfähigkeit ist ohne technischen Fortschritt nicht denkbar.« Existenzgründungen sollen gefördert, der nach Ansicht der SPD benachteiligte Mittelstand, der bisher nur zwei bis vier Prozent der staatlichen Subventionen erhalte, gestärkt werden. Zwar wird an einer ökologischen Modernisierung festgehalten, höhere Kosten für den Verbrauch von Energie sollen aber die internationale Wettbewerbsfähigkeit der Unternehmen berücksichtigen. Durch Lohnzuschüsse für wieder eingestellte Langzeitarbeitslose, flexiblere Tarifverträge, die Förderung von Selbständigen und Teilzeitarbeit sollen mehr Arbeitsplätze geschaffen werden.

Die Schwerpunkte waren damit gesetzt. Statt mit Willy Brandt mehr Demokratie zu wagen oder mehr Gerechtigkeit, griff Schröder auf dem Parteitag in Hannover nach einem anderen Wort des ehemaligen Kanzlers aus dem Jahr 1969: »Wir schaffen das moderne Deutschland.« Das Wort wurde zum Motto des Parteitags von Leipzig, auf dem Schröder offiziell als Kanzlerkandidat gewählt wurde – mit immerhin 93 Prozent der Delegiertenstimmen, gerade 24 Gegenstimmen und zehn Enthaltungen.

Alle Schröderschen Wirtschaftsthesen bedurften jedoch dringend begleitender Maßnahmen, damit die politischen und wirtschaftlichen Zielsetzungen der neuen SPD nicht die Stammwählerschaft verwirrten. Nicht nur technische, auch soziale und mentale Innovationen seien notwendig. Außerdem hieß es: Die »wirklichen Leistungsträger« Deutschlands seien nicht die Millionäre, sondern die Arbeitnehmer in den Fabriken und Verwaltungen.

Nach und nach hat Schröder zusammen mit der SPD neue Ideen entwickelt und Kompromisse gefunden; die Zielsetzung, Arbeitsplätze zu schaffen, war die wichtigste. Als Voraussetzung, das moderne Deutschland schaffen zu können, hat Schröder sein Schlagwort vom Konsens gepflegt, der zwischen Wirtschaft, Gewerkschaften und Politik bestehen müsse. Gewerkschaften und Unternehmer könnten sich sicher sein, »daß wir miteinander und nicht gegeneinander diesem Deutschland dienen wollen. Wir nehmen alle Vorschläge ernst, die tatsächlich zu mehr Arbeitsplätzen führen. Alle Vorschläge, wie – ohne Abstriche bei Standards – schneller auf Chancen am Markt und Wünsche der Kunden reagiert werden kann.«

Die Industrie scheint zufrieden zu sein mit der Richtung des neuen Kanzlers. Sie weiß: Schröder verlangt auch von seinen Genossen mehr »ökonomische Vernunft«. Und mehr Wirtschaftskompetenz. Nur so könnten Wähler mobilisiert werden und – die damalige Festlegung war für manchen Unternehmer sicher ein Wermutstropfen – rot-grüne Bündnisse gelingen.
Kompetenz heißt für Schröder: Auch die Deutschen müssen in Zukunft beim technischen Fortschritt wieder die Chancen vor den Risiken diskutieren. Dem Risiko des Tuns stehe auch ein Risiko des Unterlassens gegenüber. Ein Nichttun sei nicht gleichbedeutend mit Nichtgefährdung, sagte er erstmals im Frühsommer 1997 bei einem Vortrag im Institut für Philosophie der Freien Universität Berlin.
CDU-Generalsekretär Peter Hintze sagte dasselbe mit nahezu den gleichen Worten: »Es muß ein Ende damit haben, daß entscheidende Zukunftsbereiche immer von ihren vermeintlichen Gefahren und nicht von den großen Chancen her diskutiert werden.« An Ideen, Innovationskraft und Leistungsbereitschaft fehle es nicht. »Aber es gibt zu viele Kleingeister, Miesmacher und Oberbedenkenträger.« Wenn irgendwo ein innovativer Funke sprühe, meinte Hintze, »ob beim Transrapid, der Bio- und Gentechnologie oder sonstwo, sofort steht schon ein Genosse mit dem Wassereimer bereit, um ihn ja auszulöschen«.
Das ist Polemik. Offenbar lange Zeit unbemerkt von der Union hat die SPD deren ureigenste Positionen besetzt, und zwar mit Gerhard Schröder glaubwürdiger. Unmodern sind inzwischen bei den Sozialdemokraten alte

Debatten über Grenzen des Wachstums und Bedenken, das Wachstum könne die Umwelt gefährden. Der BDI hat heute auf die SPD-Politik einen größeren Einfluß als der Club of Rome – nicht nur, weil ersterer näher am Kanzleramt residiert. »Die Bio- und Gentechnologie ist eine Basisinnovation mit vielfältigen Produkt- und Beschäftigungschancen«, heißt es heute. Wenige Jahre zuvor hatte die SPD noch vor den Gefahren der neuen Biotechnologien gewarnt.
Heute, im harten internationalen Wettbewerb, heißt es außerdem: »Wir brauchen nicht weniger, sondern mehr Innovationen in der Chemie.« Die sozialverträgliche Gestaltung des Strukturwandels sei »nicht das einzige, was wir leisten müssen«, sagte Schröder auf dem Parteitag in Hannover. »Die Hälfte aller wichtigen Innovationen bis zum Jahr 2020 werden in der chemischen Industrie erwartet.« Kompromißlos fordert Schröder: »Da müssen wir dabeisein und mithalten.«
Doch wie sieht Schröders moderne Wirtschaftspolitik aus? Wohin will er Deutschland steuern? Schröders Berater Alfred Tacke, Staatssekretär im niedersächsischen Wirtschaftsministerium, sagte es schon 1996 deutlicher, als es sich der Kandidat jemals getraut hätte: Man müsse bessere Rahmenbedingungen für global agierende Konzerne anbieten, vertraute er damals der *Frankfurter Rundschau* an. Die Deutschen könnten künftig nicht mehr doppelt soviel Urlaub machen wie andere, Schul- und Studienzeiten müßten gekürzt, Hochschulen und Krankenhäuser müßten kommerzialisiert werden, der Staat sich »auf seine Kernkompetenzen beschränken«.
Das ist neoliberale Deregulierungspolitik, wie sie FDP-

Politiker wie Otto Graf Lambsdorff oder BDI-Chef Hans-Olaf Henkel fordern. Teile der Wirtschaft stehen Schröder heute näher als zuletzt Kanzler Kohl, der, das wurde bemängelt, auch für die Unternehmer kaum mehr ein Ohr hatte. Ökonomische Kompetenz wird dem Neuen ebenso bescheinigt, wie seine juristischen Fähigkeiten geschätzt werden. Und sein Pragmatismus. Wenn's sein muß, schmeißt Schröder alte und neuere sozialdemokratische Prinzipien einfach über Bord. Die Daimler-Teststrecke im Moor ließ er trotz heftigen grünen Widerstands bauen, weil er sie für nötig erachtete. Wenn eine Gaspipeline aus Norwegen durchs Wattenmeer muß, dann setzt er das durch. Die Röhren werden getunnelt, und Schröder läßt sich feiern als einer, der Ökonomie und Ökologie unter einen Hut bringen kann.
Aber lassen sich die wirtschaftspolitischen Vorstellungen von Gerhard Schröder mit denen des Parteivorsitzenden Oskar Lafontaine unter einen Hut bringen? Während Oskar Lafontaine noch 1996 auf einer Veranstaltung der Friedrich-Ebert-Stiftung vorschlug, eine antizyklische Wirtschaftspolitik mit mehr Staatsausgaben zu fahren, um die Binnennachfrage anzukurbeln, lehnte Schröder dies wenige Monate später auf einer Tagung derselben Stiftung kategorisch ab. Lafontaine befürwortet höhere Energiesteuern, Schröder lehnte sie stets ab. Lafontaine drängte, nach anfänglichen Bedenken, auf die pünktliche Einführung des Euro, Schröder blieb immer bei einem »ja, aber«.
Auf einem Kongreß im Oktober 1997 in Dortmund versuchte die Partei, »Innovation und Gerechtigkeit«, neue und alte SPD-Inhalte, »moderne« und »traditio-

nalistische« Ziele, zusammenzuschweißen. Schröders Schwerpunkt dürfte wohl mehr bei der Innovation, Lafontaines mehr bei der Gerechtigkeit liegen, die Partei insgesamt wollte den Eindruck erwecken, die Betonung liege auf dem »und«. In Oskar Lafontaines »Eckpunkten einer Reform der Wirtschafts- und Finanzpolitik« lautete der Kompromiß: »Doppelstrategie aus Angebots- und Nachfragepolitik«. Damit soll die »einseitige Angebotspolitik« der Konservativen ersetzt werden.

»Was er will, das weiß man nicht.«

FAZ, 1998

Zur sozialdemokratischen Angebotspolitik gehören: Stärkung von Bildung, beruflicher Aus- und Weiterbildung, Forschung und Wissenschaft, die offensive Nutzung und Förderung neuer Technologien, die Senkung der gesetzlichen Lohnnebenkosten, wirksame Hilfen für Mittelstand und Existenzgründer, eine Stärkung der Investitionskraft der Unternehmen durch Senkung der Unternehmensteuersätze, die Modernisierung des Staates und ein Abbau überflüssiger Bürokratie.

Sozialdemokratische Nachfragepolitik soll sich zeigen durch steuerliche Entlastung vor allem für Arbeitnehmer und Familien. Für mehr Binnennachfrage soll auch gesorgt werden, indem sich die Lohnsteigerungen nach Jahren der Zurückhaltung wieder an den Produktivitätssteigerungen orientieren. »Der Arbeitslohn ist nicht nur Kostenfaktor – in seiner Form als kaufkräftige Nachfra-

ge ist der Lohn auch eine entscheidende Größe für die Entwicklung der gesamten Volkswirtschaft.« Niedrigere Steuern und Lohnnebenkosten sollen diesen Effekt verstärken. Reinvestierte Unternehmensgewinne sollen entlastet, dafür Steuerschlupflöcher geschlossen werden. Mittelstand und Existenzgründer sollen gezielt gefördert werden. Wirtschaft und Gewerkschaften sollen erneut zu einem Bündnis für Arbeit an einen Tisch geholt werden, »die SPD will eine neue Partnerschaft zwischen Politik, Wirtschaft und Gewerkschaften«. Ein »Reformprojekt ersten Ranges« sei die Beteiligung der Arbeitnehmer am Produktivvermögen. Schröders Schlagwort hierzu lautete, er wolle »nicht die Verzichtgesellschaft, sondern die Teilhabegesellschaft«.
Als Gerhard Schröder auf dem Parteitag der SPD im Dezember 1997 den Leitantrag »Innovationen für Deutschland« vorstellte, meinte das *Handelsblatt*, dieser Leitantrag sei vorher schon »auf Lafontaine-Kurs getrimmt worden«. Und der bedeute eine Rückwende, eine Re-Regulierung. Durch protektionistische Maßnahmen wie die Entsenderichtlinie würden längst überfällige strukturelle Anpassungen verzögert, was langfristig abnehmende Wettbewerbsfähigkeit bedeute. Lafontaine habe eine neue Debatte über Marktwirtschaft und ihre sozialen Qualitäten ausgelöst »und der SPD wieder den Stempel der Umverteilungspartei aufgedrückt«. Die Richtungsentscheidung innerhalb der Partei, glaubte das Blatt, sei längst getroffen – gegen Schröders Vorstellungen der Wirtschaftspolitik: »Die Marschroute der SPD bestimmt nicht er, sondern Oskar Lafontaine.«
Daß das den Realitäten nicht ganz entspricht, war die

Meinung der *Süddeutschen Zeitung*. Für sie trägt die wirtschaftspolitische Zäsur der SPD »Schröders Handschrift«, die auch die *Neue Zürcher Zeitung* erkannte. Zu eindeutig stehen Maßnahmen im Vordergrund, die den Standort verbessern. Vor allem aber, und das erkannten jetzt alle Kommentatoren, mit der Abkehr vom Epplerschen Nullwachstum hatte sich die Partei tatsächlich grundlegend gewandelt.

Fortschrittlich ist das nicht. Kritiker des Neoliberalismus wie Horst Afheldt (*Wohlstand für niemand*) haben längst darauf hingewiesen, daß das einst von Marktwirtschaftlern prognostizierte Wachstum der Wirtschaft eines Industrielandes wie der Bundesrepublik nicht auf Dauer steigende Zuwachsraten aufweisen kann. Solche »Unsinnsprognosen« hatten die Sachverständigen für die Zeit nach 1960 vorausgesagt. Tendenziell aber geht das Wirtschaftswachstum gegen Null. Das Sozialprodukt der Bundesrepublik zeigte zwar von 1950 bis 1990 ein lineares Wachstum, nahm also in absoluten Zahlen jährlich etwa um die gleiche Summe zu. Weil aber ein Plus von zehn Mark bei hundert Mark noch ein vergleichsweise großer Betrag ist, bei tausend Mark jedoch schon weniger, bei einer Million dagegen so gut wie gar nicht mehr ins Gewicht fällt, kann Afheldt konstatieren: »Und damit haben wir schon einen Faktor der Misere: Lineares Wachstum kommt auf Dauer praktisch von selbst zum Erliegen.« Während das Wachstum der Wirtschaft 1950 noch zwölf Prozent betrug, 1960 immerhin noch 5,5 Prozent, sind die Sachverständigen heute schon froh, wenn sie noch einen Zuwachs ankündigen dürfen, der über einem Prozent liegt.

Kritik kam auch von der anderen Seite. In der *FAZ* kritisierte Rainer Hank den SPD-Ansatz: »Ganz und gar schief« sei die Ankündigung einer gemischten Angebots- und Nachfragepolitik, weil eine reine Angebotspolitik in den 16 Jahren des Kohlschen Ancien régime nichts gebracht habe. »Daran stimmt nichts, vor allem nicht die Voraussetzung: Wie immer man die Wirtschaftspolitik der christlich-liberalen Koalition einmal qualifizieren wird: Angebotspolitik ist das nicht. Es ist ja gerade die tiefe Tragik Schröders, daß er deshalb nie zu Tony Blair werden kann, weil Helmut Kohl nicht Margret Thatcher ist. Oder aber anders gesprochen: Weil die Schröderschen Konzepte in ihrer Unentschiedenheit so sehr den Kohlschen ähneln, lassen sie sich im internationalen Vergleich allemal nicht als Modernisierung qualifizieren.«

In der Tat, die neuen Worte gleichen den alten. Daß die Ansprüche an den Staat zurückgeschraubt werden müßten, wie Schröder fordert, das war bereits vor ihm zu hören. An einer Konsolidierung des Haushalts, so Schröder wie die Regierung Kohl, führe kein Weg vorbei. Dazu sei eine Umschichtung vom Konsum hin zu mehr Investitionen erforderlich, also wohl eine Erhöhung der Mehrwertsteuer. Unmittelbar nach der Wahl werde die SPD eine große Steuerreform auf den Weg bringen. Gekürzt werden sollen die Steuern vor allem bei Arbeitnehmern und Familien. Allerdings: »Wer eine moderne Infrastruktur, leistungsfähige Schulen und Universitäten sowie eine gut ausgerüstete Polizei will, der darf dem Staat nicht das Geld dafür nehmen.«

Mehr Flexibilität soll es in der Lohnpolitik geben. »Die

Tarifverträge der Zukunft sollen mehr Wahl- und Gestaltungsmöglichkeiten haben, um den differenzierten Bedürfnissen und der unterschiedlichen Leistungsfähigkeit der einzelnen Betriebe und den unterschiedlichen Wünschen der Beschäftigten Rechnung zu tragen.« Ein pauschaler Lohnabschluß könne für kleine Unternehmen schon zu teuer sein, selbst wenn er unter dem liegt, was für die Arbeitnehmer größerer, wettbewerbsstarker Unternehmen zur Verfügung steht.
Neue Erkenntnisse?
Immerhin: Wenn die Arbeitnehmer in schwierigen Zeiten einen Solidarbeitrag zur Sicherung des Unternehmens leisteten, so müßten sie in guten Zeiten am Ertrag beteiligt werden, meint Schröder. Eine intelligente Lösung sei hierzu die Beteiligung der Arbeitnehmer am Produktivkapital.
Schließlich spricht sich das Kompromißpapier für die pünktliche Einführung des Euro zum 1. Januar 1999 aus – »bei vertragsgemäßer Anwendung der Stabilitätskriterien«. Mit dieser Formulierung konnte Schröder sein Gesicht wahren. Die Währungsunion müsse aber auch durch die Politische Union begleitet werden. Die Bekämpfung der Arbeitslosigkeit müsse endlich an die erste Stelle der europäischen Tagesordnung gesetzt werden.
Trotz aller Kritik: Mit dieser Strategie glaubten SPD und Gerhard Schröder, der Konkurrenz mindestens eine Nasenlänge voraus zu sein. Wahrheit, klare Führung und soziale Gerechtigkeit seien Voraussetzung dafür, daß der Strukturwandel gelinge. »Wir brauchen eine Politik, die auch zu unpopulären Entscheidungen bereit ist, bei

der sich die Menschen aber darauf verlassen können, daß es gerecht zugeht.« Vielleicht ist das Neue am SPD-Programm, daß die Leute daran glauben wollen.
Also blieb die SPD mit Gerhard Schröder auf ihrem erfolgreichen Weg. Auch der erste Entwurf eines SPD-Regierungsprogramms, veröffentlicht unmittelbar nach Schröders Sieg in Niedersachsen, nannte unter der Überschrift »Erneuerung der sozialen Marktwirtschaft« zuerst die Kräfte des Marktes und die Leistungsbereitschaft der Menschen, erst dann die soziale Sicherheit. Zweifel an der Zukunft der Industriegesellschaft, wie sie die sozialen Bewegungen auch unter SPD-Mitgliedern bis in die Parteiführung hinein immer wieder äußern, sind im Programm nicht mehr zu finden.
Statt dessen will Schröder unternehmerischen Mut fördern. Innovation und Beschäftigung sollen endlich zusammengebracht werden, damit Arbeitsplätze entstehen. »Innovation ist ja nicht nur neue Technik. Das ist auch die Schaffung neuer Märkte und neuer Leitbilder. Neue Dienstleistungsmärkte aufzubauen, das geht nicht nur über Technologie- und Forschungsförderung, sondern wir brauchen Markt-, Produkt- und Organisationsideen.« Schröder kündigte auf dem Parteitag in Leipzig eine »Gründungsoffensive« an, eine »Offensive für kleine und mittlere Unternehmen und für das Handwerk«. Dort koste der Anstoß für einen neuen Arbeitsplatz 6500 Mark Prämie, in der Industrie 250 000 Mark.
Die kleinen und mittleren Unternehmen seien es, die 80 Prozent aller Lehrlinge ausbilden. Sie tätigen fast die Hälfte der Investitionen in unserem Land. Und sie beschäftigen mehr als zwei Drittel aller Arbeitnehmer –

allein das Handwerk 6,2 Millionen. »Die meisten von ihnen können und wollen dem Standort nicht entfliehen. Ihnen kann nicht egal sein, wie es den Menschen in ihrer Region geht. Die Einkommen sind für sie Kaufkraft.«

Handwerk und mittelständische Unternehmen sind aber gleichzeitig den Folgen der Globalisierung ausgesetzt. 1997 gab es einen Pleitenrekord, der 554 000 Menschen ihren Job kostete. Schröder macht dafür auch die ausbleibende Binnennachfrage verantwortlich. Menschen, die gern etwas unternehmen würden, denen machen solche Negativzahlen keinen Mut. Beim Anteil der Selbständigen an der Erwerbsbevölkerung steht Deutschland nicht umsonst europaweit auf dem vorletzten Platz.

»Möchtegern-Wirtschaftsminister der Sozialdemokraten.«

Der Spiegel, 1995

Noch aus einem weiteren Grund schrecken die Deutschen vor unternehmerischem Risiko zurück: »Das deutsche Insolvenzrecht«, klagte Schröder, »läßt kaum mehr jemanden auf die Beine kommen, der mal gescheitert ist. Die Bereitschaft, mit Kapital Risiken einzugehen, ist völlig fehlgeleitet. Spekulationen in Warentermingeschäften, in Schweinehälften und anderes werden begünstigt. Fehlendes Risikokapital ist – im Wortsinne – eine Marktlücke in Deutschland, sogar

Marktversagen. Jede zweite geplante Unternehmensgründung scheitert heute am fehlenden Geld.«
Das will Schröder ändern. »Gerade innovative Existenzgründungen und junge Kleinunternehmen verfügen in aller Regel nicht über ausreichend Eigenkapital, um die Realisierung neuer Ideen und Produkte einschließlich der Vermarktung aus eigener Kraft durchzufinanzieren«, stellte Schröder schon in seinen Eckpunkten fest. Kredite reichten da nicht aus, zumal die Banken mit einem übertriebenen Sicherheitsbedürfnis für junge, aufstrebende Kleinunternehmer wenig Interesse zeigen. Die Kreditinstitute, forderte die SPD, müßten ihre bisher an den Tag gelegte »Unbeweglichkeit ablegen«.
Bisher wanderten diese jungen Existenzgründer wegen besserer Finanzierungsperspektiven ins Ausland ab, und mit ihnen Know-how und Arbeitsplätze. Um Innovationsblockaden aufzulösen, soll mehr Wagniskapital bereitgestellt werden, das für die Träume einer eigenen wirtschaftlichen Existenz eingesetzt werden kann. Schröder sagt nicht, wer das Geld bereitstellen soll, er will aber einen »funktionierenden Finanzmarkt für Risiko- und Beteiligungskapital« schaffen. Um das Angebot an Risiko- oder Chancenkapital zu verbessern, will die SPD:

- die steuerliche Bevorzugung einer Kreditfinanzierung im Vergleich zu Eigenkapital beseitigen,
- die Aktie als Finanzierungsinstrument stärken,
- die Entwicklung unternehmerisch arbeitender Kapitalbeteiligungsgesellschaften voranbringen und da-

mit mehr Transparenz über Chancen und Risiken von Beteiligung und Investment erreichen,

- Jungunternehmen den Zugang zum Aktienmarkt öffnen,
- den Pensionskassen und Lebensversicherungen den Zugang zu Kapitalfonds erleichtern sowie
- unter Beteiligung der Kreditwirtschaft einen Chancenkapitalfonds gründen, dessen Risiko zu Beginn öffentlich, also aus der Staatskasse, gedeckt wird.

»Es muß sich lohnen«, sagt Schröder immer wieder, »in Betriebe zu investieren, anstatt in Schiffe, Flugzeuge oder Immobilien, die für den Leerstand gebaut werden.« Über Risiken für Angestellte, die Anteile statt Lohn erhalten, oder über mögliche Verluste bei den Altersversicherern durch Fehlspekulationen bei den Fondsverwaltern spricht Schröder nicht – schließlich handelt es sich um Risikokapital, er nennt es Chancenkapital.
Schröder will den Deutschen wieder Mut machen zu Selbständigkeit und Eigeninitiative. »Aufgeschlossenheit für individuellen Mut zu individuellem Risiko zu fördern wird zu einer der wichtigsten Aufgaben dessen, was früher ›Staatskunst‹ genannt und heute als ›Reinventing Government‹ (Al Gore) reklamiert wird: überzeugende politische Führung.« Regulierungen sollen »kritisch auf ihre Notwendigkeit und ihre nichtintendierten Effekte hin überprüft und entrümpelt werden«. Da steht Schröder wieder ganz auf der Seite der neoliberalen Strategen, die den Markt als Heilmittel neu entdeckt haben. »Liberalisierung und Wettbewerb«,

sagte Schröder in den »Eckpunkten«, »können ... zu einem besseren Leistungsangebot und langfristig zu mehr Arbeitsplätzen führen.«

Schröder und die Jobs

Was die Menschen heute als wichtigstes Problem drückt, hat niemand in der SPD so klar verstanden und verinnerlicht, niemand so konsequent ins Zentrum seiner täglichen Politik gerückt wie Gerhard Schröder: Arbeit, Arbeit, Arbeit. Das von Helmut Kohl gegebene, aber nicht gehaltene Versprechen, die Arbeitslosenzahlen bis zur Jahrtausendwende zu halbieren, hat der neue Kanzler übernommen. Denn neben der Frage, wie Millionen Menschen in Deutschland wieder ihr Leben selbst bestreiten können, wie wenigstens ein Teil der fehlenden knapp acht Millionen Jobs geschaffen werden könnten, verstummen alle anderen Diskussionen. Wer keinen Job hat, wer wegen bescheidener Zuwendungen aus den Solidarkassen nicht weiß, wie er seine Familie über den nächsten Monatsersten bringen soll, der schert sich nicht um die Umwelt. Gerhard Schröder hat seine Prioritäten entsprechend gesetzt, nicht nur mit Worten. Um Jobs zu retten, hat Schröder als niedersächsischer Ministerpräsident gegen heftigen Widerstand des Koalitionspartners Bündnis 90/Die Grünen die Vertiefung der Ems durchgesetzt. Damit konnte das Kreuzfahrtschiff »Century«, 246 Meter lang und knapp eine halbe Milliarde Mark teuer, gebaut und die Meyer-Werft weiter betrieben werden. 2500 Arbeitsplätze sah Schröder damals in Gefahr, indirekt 10 000. Schröder meinte gegenüber der *Süddeutschen Zeitung*: »Du darfst in der Politik vieles machen, du darfst sogar Lesbenzentren bauen – wenn die Leute wissen: Die an der Regierung kümmern sich um meinen Job.«

Hinter dieser Erkenntnis steckt wohl eine ganze Menge eigene Erfahrung. Er hat am eigenen Leib spüren müssen, wie es ist, wenn eine Familie von der Hand in den Mund lebt. Weil sein Vater wenige Tage nach Gerhard Schröders Geburt am Karfreitag, den 7. April 1944 im Krieg getötet worden war – auch der Stiefvater starb früh –, mußte seine Mutter die Kinder allein durchbringen. Der Junge wuchs mit einer Schwester und drei Halbgeschwistern in einer Baracke hinter dem Bolzplatz des Turn- und Sportvereins Talle auf. Später zog die Familie in ein Fachwerkhaus, das die Kinder »Villa Wankenicht« nannten, dann wohnten sie auf verschiedenen Höfen. Schröders Mutter verdiente den Lebensunterhalt der Familie mit Putzen. Die Kinder halfen gegen ein paar Groschen bei Ernte- und Stallarbeiten. Obwohl Schröder ein guter Schüler war, durfte er nicht aufs Gymnasium wechseln. Weder das Bus- noch das Schulgeld waren aufzubringen. Mit 14 wurde er Lehrling als Einzelhandelskaufmann, abends holte er die mittlere Reife nach, später auch das Abitur.

Seine Mutter, ließ Schröder die Leser der *Hamburger Morgenpost* wissen, gebe ihm in der heutigen Krise folgenden Rat: »Paß bloß auf, daß das mit meiner Rente in Ordnung bleibt. Und seht zu, daß ihr die Arbeitslosen von der Straße kriegt. Sie hat ein gutes Gefühl für das, was gerecht ist in dieser Gesellschaft. Und sie ist bereit zu teilen, mehr als das heute in unserer Gesellschaft üblich ist.« Seine Mutter sei eine »geborene Sozialdemokratin«.

Auch ihn selbst, erklärte Gerhard Schröder einmal, habe schon frühzeitig die Mission umgetrieben, »anderen Menschen die eigene soziale und schulische Ochsentour eines Arbeiterkindes von unten nach oben zu ersparen«. Er möchte, sagte er dem *Spiegel*, »daß die Menschen ihr Einkommen und Auskommen über Arbeit erzielen«. Ein von den Neoliberalen vorangetriebenes Modell, nach dem »die Leute drei Jobs haben müssen, um auf Sozialhilfeniveau leben zu können«, will er nicht. Das aber sei die Realität »in einigen Teilen des häufig so gepriesenen Amerika«.

Für Jobs tut Gerhard Schröder einiges – nach Meinung von Kritikern manchmal sogar zuviel des Guten. Einerseits befürwortete seine rot-grüne Regierung in Niedersachsen 1993, das Verbot von Rüstungsexporten in Nicht-Nato-Staaten in der Verfassung zu verankern. Auch seine Partei hat dies auf zahlreichen Parteitagen und in ebenso vielen Fraktionsbeschlüssen festgehalten. Als aber ein zwölf Milliarden Mark schwerer Auftrag für die norddeutschen Werften an Land gezogen werden sollte, tat er so, als ginge ihn sein Gerede von gestern nichts mehr an. »Die Frage«, wand sich Schröder, nachdem der Deal aufgeflogen war, »ob man eine prinzipielle Auffassung in jeder aktuellen Situation durchhalten kann, muß differenziert gesehen werden.« Im Klartext: Schröder sprach sich vor dem Landtag für das Geschäft und gegen die Moral, gegen das Exportverbot aus. »Eine andere Entscheidung kriegen Sie nicht.«

Erst als die Grünen damit drohten, die Koalition platzen zu lassen, relativierte Schröder. Später erklärte er, er sei für den Export gewesen, »weil ich nicht befürchten muß, daß 25 Millionen Taiwanesen damit eine Milliarde Chinesen angreifen könnten«. Gleichzeitig sei aber in Niedersachsen ein Rüstungsbetrieb geschlossen worden, weil er sich geweigert habe, sich in Bonn für eine Exporterlaubnis für Sprengraketen einzusetzen. »Die türkischen Militärs wollten damit weiter die Kurden zusammenschießen. Ich differenziere da schon genau.«

»Linker Staatsmann.«

Die Jusos über Juso Schröder, 1979

Rund 180 Milliarden Mark jährlich kostet die Massenarbeitslosigkeit die öffentlichen Haushalte. Die Kosten für die betroffenen Menschen – Zukunftsangst, das Gefühl des Ausgeschlossenseins, des Nicht-gebraucht-Werdens, Resignation und Alkoholismus – sind da noch nicht eingerechnet. Schröders Bundesland Niedersachsen war bei mehr als zwölf Prozent Arbeitslosen im Vergleich mit den anderen westdeutschen Bundesländern überdurchschnittlich belastet. Deshalb tat Schröder alles, um die Unternehmen in Niedersachsen zu halten. Als 1993 die italienische Pirelli-Gruppe die Continental AG übernehmen wollte, setzte sich Schröder für die Bildung eines Niedersachsenpools ein, bestehend aus Norddeutscher Landesbank, PreussenElektra AG, zwei Versicherungen und der Sparkassenorganisation. Der Pool übernahm die Conti-Aktien. Gerhard Schröder berichtete den Sozialdemokraten auf dem Parteitag in Hannover, was dann geschah: »Die Pläne für die Verlagerung eines Chemiebetriebs waren längst fertig. Betriebsrat und Gewerkschaft haben gegengesteuert. Höchstmögliche Flexibilisierung gegen Arbeitsplatzsicherheit. Das Ergebnis kann keinen von uns zufriedenstellen, aber das ist die Realität in einem nicht unwichtigen deutschen Betrieb:

- Unbezahlte Mehrarbeit bis zu zweieinhalb Stunden pro Woche bei Auftragsspitzen.
- Bei Auftragsflauten: Verzicht auf Sondergratifikationen, zum Beispiel aufs Weihnachtsgeld.
- In Krisenzeiten befristete zehnprozentige Lohnkürzung im sogenannten Entgeltkorridor.
- Die Arbeitszeit wurde flexibilisiert: Übers Jahr gilt die 37,5-Stunden-Woche. Die Jahresarbeitszeitkonten erlauben je nach Auftragslage deutlich höhere – oder geringere – Wochenarbeitszeiten. Das wird in weniger hektischen Zeiten durch Freizeit ausgeglichen.

Ich sagte schon, keinen kann das zufriedenstellen, aber dieser Betrieb der Continental AG hat die Krise hinter sich.«

Gewerkschaften und wohl auch ein großer Teil der Sozialdemokraten samt Oskar Lafontaine sind der Meinung, die Arbeitnehmer hätten in den vergangenen Jahren genug Verzicht geübt: Das Kurzarbeitergeld und die Lohnfortzahlung im Krankheitsfall wurden gekappt,

ebenso das Übergangsgeld für Maßnahmen der beruflichen Rehabilitation. Ganz weggefallen ist inzwischen das Schlechtwettergeld. Die SPD hat angekündigt: »Wir werden Fehlentscheidungen beim Kündigungsschutz, beim Schlechtwettergeld und bei der Lohnfortzahlung im Krankheitsfall korrigieren.« Doch die Streichliste Kohl/Rexrodt ist noch länger: Wer arbeitslos wurde, bekommt heute statt 68 nur noch 67, ohne Kinder gar nur noch 60 Prozent des Nettolohns. Arbeitslosenhilfe wurde von 58 auf 57 Prozent gekürzt, ohne Kinder auf 56 und schließlich auf 53 Prozent. Die Bemessungsgrundlage wird jedes Jahr um drei Prozent gekürzt, was die fast zwei Millionen Langzeitarbeitslosen trifft. Mehr als drei Viertel der Arbeitslosen im Westen erhalten weniger als 1800 Mark Arbeitslosengeld, drei Viertel der Empfänger von Arbeitslosenhilfe sogar weniger als 1200. Im Osten sieht's noch schlimmer aus: Nur fünf Prozent der Arbeitslosen kommen auf mehr als 1800 Mark, 57,2 Prozent erhalten weniger als 1200 Mark. 92 Prozent der Empfänger von Arbeitslosenhilfe hatten weniger als 1200 Mark monatlich zur Verfügung. Rentner zahlen heute Krankenversicherungsbeiträge, die Krankenkassen übernehmen immer weniger Leistungen, und das (ohnehin auf 70 Prozent gekürzte) Krankengeld wird längst um Beiträge zu Renten- und Arbeitslosenversicherung gekürzt (den Arbeitgeberanteil bezahlen die Krankenkassen!). Schließlich muß am Buß- und Bettag heute in der ganzen Republik gearbeitet werden.
Trotz dieser langen Liste des Verzichts und der Zugeständnisse an Staat und Unternehmen, die dennoch kein Mehr an Arbeitsplätzen gebracht hat, scheut sich

Gerhard Schröder nicht, an weiteren Besitzständen zu kratzen. Er regte sogar an, den zweiten Berufsschultag zu streichen, was DGB-Vorstandsmitglied Regina Görner als »schwachsinnige Aktion« bezeichnete. Auch gelegentliche öffentlich geäußerte Gedanken über Arbeitszeitverlängerungen und – ganz anders als Lafontaine – die Aufforderungen zu rigorosem Sparen im öffentlichen Dienst machen es den Gewerkschaften nicht einfach, den neuen Kanzler zu mögen.

Wenn's dem Erhalt von Arbeitsplätzen nützt, gibt es offenbar keine Tabus beim neuen Kanzler. Nur den gewerkschaftlichen Forderungen nach einer besseren Verteilung der Arbeit und einer Verkürzung der Wochenarbeitszeit erteilt er eine Absage. Wer glaube, die 32-Stunden-Woche könne das Jobproblem lösen, erklärt mittlerweile mit Schröder auch Oskar Lafontaine, der mache es sich zu leicht. (Interessant ist, daß bei der Ausbildung von Jugendlichen das Mittel der Arbeitszeitverkürzung ausdrücklich als Chance gesehen wird.) Im SPD-Wahlprogramm heißt es denn auch: »Wir brauchen mehr Teilzeitarbeitsplätze, für Männer und Frauen. Überstunden sind soweit wie möglich abzubauen. Wo immer das möglich ist, soll Personalabbau durch beschäftigungssichernde Arbeitszeitmodelle vermieden werden. Wir brauchen auch beweglichere Lebensarbeitszeiten mit flexibleren Übergängen zwischen Arbeit einerseits und Bildung, Nichterwerbstätigkeit und Ruhestand andererseits.« Widerstände wird es sicher bei den Überstunden geben, die viele Arbeiter machen, weil sie sonst ihre Bedürfnisse nicht (mehr) befriedigen können. Weniger unsolidarisch ist das deswegen allerdings nicht. Entlassungen sollen, »wo immer das möglich ist«, vermieden werden, aber bei einer Zunahme der Arbeitswilligen, insbesondere Frauen, und gleichzeitiger Abnahme der Arbeit wird das ohne Arbeitszeitverkürzungen nicht gehen. Verordnen will sie die SPD mit Schröder offenbar nicht.

Dabei müßte der ehemalige Marxist Schröder doch wissen, was sein Lehrmeister als unausweichlich vorhergesehen hatte: Gegen die Maschine werde der Mensch unabänderbar ausgetauscht, prophezeite Karl Marx, eine Chance des Entrinnens sah er nicht. Eines Tages werde die Maschine den Menschen ganz ersetzen. Jede technische Erfindung werde die Teilung der Arbeit verfeinern, »die die Operationen der Arbeiter schon mehr und mehr in mechanische verwandelt, so daß auf einen bestimmten Punkt der Mechanismus an ihre Stelle treten kann. (...) Es erscheint hier also direkt die bestimmte Arbeitsweise übertragen von dem Arbeiter auf das Kapital in der Form der Maschine und durch diese Transposition sein eigenes Arbeitsvermögen entwertet. Daher der Kampf der Arbeiter gegen die Maschinerie. Was Tätigkeit des lebendigen Arbeiters war, wird Tätigkeit der Maschine.«

Die einzige Alternative, mit dem »Ende der Arbeit« (Jeremy Rifkin) auf angenehme Weise fertig zu werden, bot der deutsch-amerikanische Soziologe Herbert Marcuse (1898–1979). Was für Marx eine Bedrohung war, erschien dem als Chance: »Da die Dauer des Arbeitstages an sich einer der entscheidenden Faktoren für die Unterdrückung des Lustprinzips durch das Realitätsprinzip darstellt, ist die Verkürzung der Arbeitszeit (...) die erste Vorbedingung der Freiheit.« Leider war die Theorie schon zu Studienzeiten nicht Gerhard Schröders Domäne. Der Bundeskanzler machte als Student lieber praktische Politik und arbeitete in der Göttinger Kommunalpolitik mit, statt sich an den Diskussionszirkeln des Sozialistischen Hochschulbundes (SHB) zu beteiligen. Und so kommt für ihn heute eine generelle Verkürzung der Arbeitszeiten, wie sie insbesondere die Jusos und die Parteilinke, aber auch die Gewerkschaften forderten, nicht in Betracht. Es werde Branchen geben, wo man darüber reden könne, in anderen hält Schröder dies nicht für angebracht. Wie auch bei den Tarifverträgen plädiert Schröder für Flexibilität.

Während der ehemalige französische Staatspräsident François Mitterrand sich ebenfalls für kürzere Arbeitszeiten ausgesprochen hatte, steht Schröder mit seinen Aussagen dem Präsidenten des Deutschen Industrie- und Handelstages (DIHT), Hans Peter Stihl, näher als seiner Parteibasis. Stihl forderte immer wieder: »Wenn wir jetzt die Möglichkeit sehen, mit einem Großteil der Belegschaft ohne zusätzliche Lohnerhöhung die 40-Stunden-Woche einzuführen, dann würde Deutschland seine Konkurrenzfähigkeit und damit die Chance für neue Arbeitsplätze wesentlich verbessern.«

Allerdings hat der Praktiker Schröder – und das unterscheidet ihn vom DIHT-Chef – am Beispiel Continental verdeutlicht, wie er sich die neue Partnerschaft zwischen Unternehmern und deren Arbeitern und Angestellten vorstellt. Ein Geben und Nehmen soll es sein: »Es ist abgemacht, daß die Belegschaft dieses Unternehmens künftig mehr als bisher am Gewinn beteiligt wird.

Das ist eine der ersten vertraglichen Vereinbarungen dieser Art. Flexibilität ja, Verzicht nur gegen Arbeitsplatzsicherheit.« Um den Arbeitnehmern diese Art der Flexibilisierung auf ihre Kosten schmackhaft zu machen, fügte er hinzu: »Und wenn es bessergeht, sollen die Arbeitnehmer für ihre freiwilligen Vorleistungen entschädigt und honoriert werden. Ich finde, das ist das mindeste, was zu erwarten ist, das muß eine blanke Selbstverständlichkeit sein.« Was aber, wenn der Betrieb trotz solcher Vorleistungen der Belegschaft stetig keine schwarzen Zahlen schreibt oder gar in Konkurs geht? Fängt ihn dann der Staat auf, wie Schröder dies mehrfach praktiziert hatte?
Auch die Flugzeugwerft in Lemwerder, die von der Daimler-Tochter Dasa aufgegeben werden sollte, hat Schröder erhalten. Einen Teil der 1100 Arbeitsplätze zu retten kostete den Steuerzahler rund 80 Millionen Mark. Heute ist das Werk, in dem nun Flugzeuge gewartet werden, wieder privatisiert.

»Ein nicht alltägliches politisches Talent. Er wird noch was in der Partei.«

FAZ, 1978

Bei Volkswagen, dessen Aufsichtsrat Schröder als niedersächsischer Ministerpräsident vorsaß, brachten Strukturänderungen die Wolfsburger Automobilproduktion weltweit wieder in eine Spitzenposition. 30

000 Menschen wurden nicht entlassen, dafür die 28,5-Stunden-Woche eingeführt, flexiblere Arbeitszeiten und schnellere Produktzyklen.
Das Modell Volkswagen, Schröders Lieblingsbeispiel einer gelungenen Standortrettung, zeigt deutlich, daß Arbeitszeitverkürzung sehr wohl Stellen erhalten kann. Darüber hinaus sollen in den kommenden Jahren jährlich rund 2000 Beschäftigte in Altersteilzeit geschickt werden, damit 1000 Auszubildende übernommen werden können. Zwischen dem 55. und 60. Lebensjahr können die Arbeitnehmer ihre Arbeitszeit halbieren – zweieinhalb Jahre arbeiten sie voll, dann scheiden sie aus. Das Werk erhöht den gesetzlich vorgeschriebenen Altersteilzeitlohn von 70 auf 85 Prozent des früheren Nettolohns, außerdem die Rentenbeiträge von 90 auf 100 Prozent. Die 18prozentigen Einbußen bei der späteren Rente werden zur Hälfte ausgeglichen. VW entstehen Kosten von rund 150 000 Mark pro Altersteilzeitarbeiter. Damit und mit einer Einmalzahlung von 500 Mark für alle Beschäftigten beteiligte Volkswagen seine Mitarbeiter am Erfolg der letzten Jahre.
Gerhard Schröders unkonventionelle Art der Arbeitsplatzsicherung fand kurz nach Neujahr 1998 einen weiteren Höhepunkt. Als er erfuhr, daß die Preussag Stahl AG in Salzgitter an die österreichische Voest-Alpine AG verkauft werden sollte, kaufte er – genauer: kauften das Land und die landeseigene Norddeutsche Landesbank – die Stahlfirma innerhalb von 24 Stunden auf. Preis: Vermutlich mehr als eine Milliarde Mark. Der damalige niedersächsische Ministerpräsident fürchtete, so hieß es hinterher, den Verlust eines Teils der 13 700 Arbeits-

plätze und – vielleicht mehr noch – die Folgen für ihn, einen Imageverlust. Die Gewerkschaft hatte mit einem »Aufstand der Region« gedroht, falls die Landesregierung den »Ausverkauf« zulasse.

Die Anerkennung für seine Taten fiel verhalten aus: All diese Entwicklungen habe Schröder zwar durch seine enge Verbindung zu Betriebsräten und Unternehmensführungen politisch flankiert, meinte das *Handelsblatt*, »er hat moderiert«. Allerdings habe das nicht ausgereicht, die Strukturdefizite des Landes zu beseitigen. Als Beleg für die Richtigkeit der Schröderschen Wirtschaftspolitik reichten die Erfolge deshalb nicht aus. »Die Milliardensummen, die er für die Beteiligungspolitik des Landes eingesetzt hat, wären als Investitionen in Zukunftsprojekte weit besser angelegt.« Bedenklich sei vor allem seine Blockadehaltung gegenüber ausländischen Investoren. Das sei für das Image des Investitionsstandorts Deutschland fatal. Wie ein Kanzler Schröder im Ausland für Investoren werben wolle, fragte das Blatt, »wo doch jeder Investor noch lebhaft in Erinnerung hat, daß dieser SPD-Politiker nur wenige Monate zuvor ausländische Eindringlinge aus der norddeutschen Tiefebene vertrieben hat? Von Glaubwürdigkeit ist da keine Spur.«

Doch Schröder ist nicht bereit, alles für mehr Arbeit zu tun. Es gebe »keinerlei Spielraum« für Konjunkturprogramme, die über Kredite finanziert werden müßten, ließ er die Parteilinken des Frankfurter Kreises immer wieder wissen. Den Traditionalisten um Heidemarie Wieczorek-Zeul wollte es dagegen nicht genügen, sich »als die sozialere, mildere Variante des Deregulierungskonzepts zu präsentieren«. Sie wollten einen Richtungswechsel, hin zu öffentlicher Verantwortung und einem »gestaltenden Staat«, also mehr Regulierung statt eines weiteren Abbaus öffentlicher Leistungen im Kampf gegen – so formulierte SPD-Umweltsprecher Manfred Müller – den »Weltstaat des Finanzkapitals und die Anarchie der Weltwirtschaft«.

Weil die Betriebe offenbar Schwierigkeiten haben, neue Arbeitsplätze zu schaffen, muß tatsächlich umverteilt werden. Der Berliner Ökonomieprofessor Jan Priewe verwies darauf, daß in Deutschland keinesfalls das Arbeitsvolumen abnehme. Im Gegenteil: 1992, vor der letzten Rezession, habe Deutschland mit 29,5 Millionen Beschäftigten sogar Nachkriegsrekord erreicht. Von der These einer technologischen Arbeitslosigkeit hält Priewe nichts, sie sei ein Mythos. Woran es mangle, sei Kaufkraft. Keinesfalls sei eine Konsumsättigung festzustellen. Und auch im Umweltschutz sei ein »großes wachstumsneutrales Potential« vorhanden. Wenn in der Bundesrepublik, die beim Anteil der Frauen an der Erwerbsarbeit hinten dran sei, auch diese verstärkt auf den Arbeitsmarkt drängten, müsse umgedacht werden: »Erwerbsarbeit für alle, die Erwerbsarbeit wollen, zu Löhnen, die bei Vollzeitarbeit mindestens existenzsichernd sind – und dies bei Einhaltung sozialer und ökologischer Mindeststandards.« Vollbeschäftigung könne nicht lebenslange 40-Stunden-Woche heißen, »sondern muß variable, arbeitnehmerorientierte Arbeitszeiten, den jeweiligen Lebenslagen angepaßt, einbeziehen, ebenso Auszeiten für Kindererziehung und Weiterbildung«.

Das klingt gar nicht so unterschiedlich verglichen mit Schröder, aber wie soll das umgesetzt werden? Wo freiwillige Vereinbarungen nicht abgeschlossen werden, würde Schröder niemals zum Mittel staatlicher Regulierung greifen. Solidarität ist nicht zu verordnen, meint er. Der Automann kann nicht einmal einer Ausbildungsplatzabgabe für Betriebe, die zuwenig ausbilden, etwas abgewinnen. Man müsse nicht »bei jedem Problem eine neue Abgabe fordern«. Obwohl der von der Partei verabschiedete Leitantrag »Innovationen für Deutschland« eine solche Abgabe vorsah, erklärte Schröder 1997 im niedersächsischen Landtag, diese werde nicht kommen, solange er in Niedersachsen etwas zu sagen habe. Auf dem Landesparteitag kam es zu einer Kompromißformel: »Erst für den Fall, daß die Wirtschaft dauerhaft keine ausreichende Zahl von Ausbildungsplätzen anbietet, hält die SPD eine bundesrechtlich zu verankernde Umlage zwischen ausbildenden und nicht ausbildenden Betrieben für erforderlich.« Dieser Vereinbarung fügte Schröder die Bemerkung an, er halte die Umlage für »kein glückliches Instrument, und ich werde mich darin auch nicht korrigieren«. Als ein Delegierter auf das Wahlprogramm der Partei verwies, entgegnete Schröder auf seine typische, lakonische Art, dieses gelte »erst für die nächste Wahlperiode«. Statt zu regulieren verläßt sich Schröder – darin seinem Vorgänger im Kanzleramt ganz ähnlich – lieber auf Selbstverpflichtungen der Unternehmer. In Niedersachsen nahm er ihnen das Versprechen ab, künftig zehn Prozent Ausbildungsplätze »über den Durst« bereitzustellen.

Vor der Wahl versprachen Schröder und die SPD, die Arbeitslosen »nicht länger ihrem Schicksal zu überlassen«. Eine SPD-geführte Bundesregierung werde »die Mittel, die bisher für die Bezahlung von Arbeitslosigkeit ausgegeben werden, für die Finanzierung von sinnvoller Arbeit und von Qualifizierungsmaßnahmen einsetzen«. Das stand so auch im Programm der CDU.

Arbeitsbeschaffungs- und Qualifizierungsmaßnahmen bleiben für die SPD weiterhin unverzichtbare Instrumente zur Stabilisierung des Arbeitsmarkts. Für alle Jugendlichen – nach der neuesten Shell-Studie fürchten sich heute schon 14jährige am meisten vor der Arbeitslosigkeit – müsse ein qualitativ hochwertiges Angebot an Ausbildungsplätzen geschaffen werden. Denn von den 108 000 Jugendlichen unter 25 Jahren, die allein in Nordrhein-Westfalen arbeitslos sind, haben fast 90 Prozent keine Ausbildung. Schröder versprach deshalb: »Wir werden in ganz Deutschland unmittelbar nach der Regierungsübernahme ein Sofortprogramm zur Bekämpfung der Jugendarbeitslosigkeit auflegen, das 100 000 arbeitslose Jugendliche so schnell wie möglich in Ausbildung und Beruf bringt. In 1999 werden wir mit einer Ausbildungsplatzoffensive – gemeinsam mit der Wirtschaft – dafür sorgen, daß jeder Jugendliche die Chance auf einen qualifizierten Ausbildungsplatz erhält.«

Um die Zahl der Arbeitslosen zu reduzieren, will Schröder, wo nötig, für eine Übergangszeit Löhne und Einkommen subventionieren. Unternehmen sollen dann Zuschüsse erhalten, wenn sie zusätzlich zu bestehender Beschäftigung Arbeitslose einstellen. Mit diesem »Arbeitsplatzzuwachs-Programm« will er »Arbeit statt Arbeitslosigkeit finanzieren«. Die Einkommensbeihilfen sollen »bis zur Höhe eines Familieneinkommens« bezahlt werden, aber »unterhalb der Arbeitslosenleistungen« liegen. Zwei Millionen Menschen sieht Schröder durch dieses Programm wieder in Arbeit. Doch seine Partei hält nicht viel vom »Kombilohn«, den Arbeitgeber-Präsident Dieter Hundt wieder ins Gespräch gebracht hatte – aus der durchaus berechtigten Sorge heraus, das Programm könnte als dauerhafte Lohnsubvention mißbraucht werden. Immerhin aber billigte die Partei, daß der ungeliebte Kombilohn geprüft wird.

Ganz konkret hat die SPD vor, »große Potentiale für neue Arbeitsplätze« im Dienstleistungsbereich zu nutzen, bei »personen- und haushaltsbezogenen Dienstleistungen«: Pflegehilfe, Kinderbetreuung, Haushaltsarbeiten, ergänzende Dienstleistungen im Einzelhandel, im Hotel- und Gaststättengewerbe und einige einfache handwerksähnliche Dienstleistungen. Bisher seien diese Dienstleistungen zu teuer. Auf der anderen Seite reichten die Löhne nicht aus, um von ihnen existieren zu können. Hier will die SPD mit einem neuen Modell eingreifen: »Wir wollen das Angebot für haushaltsbezogene Dienstleistungen in privaten Serviceagenturen bündeln und dort reguläre und sozial abgesicherte Arbeitsverhältnisse mit existenzsichernden Löhnen schaffen.« Jeder Haushalt könne bei Bedarf die Leistungen dieser Vermittlungsagentur für die gewünschte Zeit abrufen. Bezahlt wird ein Teil des Lohns durch den privaten Haushalt selbst, zum anderen Teil durch Dienstleistungsgutscheine. Die Kosten der Gutscheine soll die

Bundesanstalt für Arbeit übernehmen. »Dadurch werden die Kosten der Arbeit für die privaten Haushalte so verbilligt, daß auch Normalverdienende sich Haushaltshilfen leisten können und damit der gewünschte Beschäftigungseffekt erreicht wird.« Die BfA spare so Geld, das sie sonst für Arbeitslosengeld oder Arbeitslosenhilfe ausgeben müßte. »Damit entspricht dieses Dienstleistungskonzept dem Grundsatz: Arbeit finanzieren statt Arbeitslosigkeit bezahlen.«

»Ich habe Schröder stets für einen der talentiertesten Politiker gehalten. Er hat ein Gespür für Menschen, kann mit ihnen umgehen, sie führen bis an die Grenze der Vergewaltigung, sie zwingen, gegen ihren Willen etwas zu tun. Er ist ein Naturtalent mit angeborenem Sinn für Taktik, für Situationen.«

Peter von Oertzen in: *Die Weltwoche,* 1998

Arbeitslose, die länger als sechs Monate ohne Arbeit sind, sollen mit den Arbeitsämtern individuelle Pläne zur Rückkehr ins Arbeitsleben entwickeln. Die SPD will dafür Brücken bauen. »Betriebe, die Arbeitslose einstellen, sollen Lohnkostenzuschüsse und Einarbeitungshilfen erhalten.« Langzeitarbeitslose sollen nach einem skandinavischen Modell als Vertretung auf betriebliche Stellen vermittelt werden, die durch Elternurlaub oder

Weiterbildung der bisherigen Beschäftigten befristet unbesetzt sind. »Mit diesem Job-Rotations-Programm kann für Langzeitarbeitslose die Rückkehr auf einen Dauerarbeitsplatz erreicht werden.«
Im Gegenzug für die arbeitschaffenden Wohltaten einer Regierung Schröder sollen die Arbeitsämter »die nach geltendem Recht schon möglichen Sanktionen bei der Ablehnung zumutbarer Arbeit voll ausschöpfen«. Bisweilen geschieht das schon heute, etwa in Städten wie Leipzig oder Stuttgart, wo Sozialhilfeempfänger für 13,60 Mark den Bürgern als »gelbe Engel« bei den Problemen des Alltags helfen und Straßenmüll einsammeln. Der *Spiegel* berichtete von Ernteeinsätzen von Arzthelferinnen und Heizungsbauern beim Spargelstechen in Nienburg/Weser in Niedersachsen. Die Bauern dort freuten sich jedoch nicht über die Helfer, sondern sorgten sich um ihre Ernte. Sie wollten die Arbeit lieber von »fleißigen polnischen Arbeitern« erledigen lassen als von der »deutschen Wohlstandsjugend«. Eine Arzthelferin empörte sich über die »Zwangsarbeit«, für die sie als Arbeitslosenhilfeempfängerin 10,60 Mark die Stunde und einen täglichen Zuschuß von 25 Mark erhält. Das seien »reinste Nazimethoden«.
Ob auch generelle Kürzungen der Sozialleistungen geplant sind, war vor der Wahl nicht zu erfahren. Anfang 1997 erklärte Schröder aber: »Es geht nicht mehr um den Umbau des Sozialstaates, es sind tatsächlich tiefe Einschnitte nötig. Das jetzige Niveau ist nicht mehr finanzierbar.« Dieter Hundt hatte etwa zur gleichen Zeit angeregt, die Bezugsdauer des Arbeitslosengelds künftig auf zwölf Monate zu beschränken, die Sozialhilfesätze

einzufrieren. Zu diesen konkreten Vorschlägen äußerte sich Schröder nicht. Mehr als ein Drittel der Arbeitslosen in Deutschland sind inzwischen länger als ein Jahr ohne Job.

Alle Politik der neuen Regierung wird sich daran messen lassen müssen, ob sie positive Resultate auf dem Arbeitsmarkt bringt. Gerhard Schröder hat deshalb in Leipzig versprochen: »Wir werden jede Maßnahme und jedes Instrument unserer Politik auf den Prüfstand stellen, ob es vorhandene Arbeit sichert oder neue Arbeit schafft.« Wenn die Bundesrepublik 1999 die Präsidentschaft in der EU übernimmt, will Schröder »Arbeit und Gerechtigkeit ... auf Platz eins der europäischen Tagesordnung« setzen. »Die Sozialdemokratie als die heute stärkste politische Kraft in Europa wird dafür sorgen, daß es zu einem europäischen Beschäftigungspakt kommt.« In der EU sollen verbindliche Ziele für die Reduzierung der Arbeitslosigkeit verankert werden. »Wir wollen in der EU als gemeinsames Ziel vereinbaren: Kein Jugendlicher darf nach der Schule in die Arbeitslosigkeit geschickt werden.« Die nationalen Wirtschafts- und Finanzpolitiken sollen koordiniert, außerdem gemeinsame und verbindliche Regelungen gegen Steuer- und Sozialdumping vereinbart werden. »Wir brauchen dringend europäische Vereinbarungen über eine effektive Mindestbesteuerung für Unternehmen und die Beseitigung von Steueroasen.«

Allerdings: Das Ziel der Vollbeschäftigung hat auch dieser Bundeskanzler längst aufgegeben. Auch die Zahl der in Niedriglohngruppen arbeitenden Menschen werde zunehmen, erklärte Schröder. Schon heute seien ein

Drittel aller Beschäftigungsverhältnisse in Deutschland keine normalen Dauerarbeitsverhältnisse; in »spätestens 15 Jahren« habe »nur noch die Hälfte aller abhängig Beschäftigten einen arbeits- und sozialrechtlich abgesicherten Vollzeitarbeitsplatz«.

Schröder und der Sozialstaat

Es war zu der Zeit, als die Sozialdemokraten mit einem Kürbis für ein neues Image warben. Damals besuchte Gerhard Schröder die USA, und er muß dort eine für ihn typische Erkenntnis gewonnen haben. Von den Vereinigten Staaten lernen heißt siegen lernen, mag er gedacht haben, man muß ja nicht alles kopieren. »Wir möchten das Gute bei ihnen klauen. Das Schlechte lassen wir hier.« Aus den USA funkte Gerhard Schröder im Mai 1997 die neuen Erkenntnisse herüber. Man müsse überprüfen, wieviel staatliche Fürsorge noch möglich sei. Es bedürfe einer Neudefinition des Sozialstaats. »Das wird vielen von uns weh tun, aber diesen Prozeß muß auch die SPD vollziehen.«

Umbau des Sozialstaats heißt auch bei Gerhard Schröder Abbau. »Tiefe Einschnitte« ins soziale Netz hatte er schon Anfang 1996 gefordert. Schleswig-Holsteins Ministerpräsidentin Heide Simonis, die Schröder schätzt, nannte diese Forderung damals »taktisch falsch« und »nicht besonders schlau«. Der Vorsitzende der SPD-Arbeitsgemeinschaft für Arbeitnehmerfragen Rudolf Dreßler klagte Schröders »Phraseologie des Wischiwaschi« und dessen »parteipolitische Beliebigkeit« an.

»Wer gern Wirtschaftsminister am Kabinettstisch von Helmut Kohl werden will, muß vorher in die CDU oder die FDP eintreten.« Auch andere Sozialdemokraten, unter ihnen Rudolf Scharping, warnten vor »Anpassung an irgendwelche dummen Sprüche aus den Verbänden der Wirtschaft«. Viele andere aus der Partei schlugen ebenfalls auf Schröder ein. Nur der frühere Chef der Industriegewerkschaft Chemie, Hermann Rappe, blieb ihm treu. Schröder stelle die richtigen Fragen zum richtigen Zeitpunkt. Antworten müsse die SPD jetzt suchen und berücksichtigen, »daß Sozialumbau nicht reicht, sondern daß man auch über Sozialabbau reden muß«.

Gern und oft erinnerte Gerhard Schröder an US-Präsident Bill Clinton, der bei seiner ersten Antrittsrede »nicht weniger als fünfmal auf das Modell Deutschland« hingewiesen habe, »fünfmal die Vorzüge unseres Modells, unseres Gesundheits- und Sozialsystems«. Das sei gerade fünf Jahre her. »Bei seiner Wiederwahl gab er nur noch einen Hinweis: die USA sollten sich vor der Deutschen Krankheit, ›German Disease‹, hüten.«

Schröders »Eckpunkte einer Reform der Wirtschafts- und Finanzpolitik« nennen als Ziel, jedem Sozialhilfeempfänger möglichst rasch wieder Arbeit anzubieten, gegebenenfalls auch eine Umschulung oder Weiterbildung. »Wer eine zumutbare Arbeit ablehnt, der verwirkt seinen Anspruch auf Unterstützung.« Grundsatz sei, »daß es in einer Gemeinschaft nicht nur Rechte gibt, sondern auch Pflichten«. Das hätte auch jeder Politiker der Union oder der FDP so sagen können. Im Frühjahr 1998 startete Bayern im Bundesrat eine Initiative, nach

der arbeitsunwilligen Sozialhilfeempfängern künftig ein Viertel ihrer Bezüge gestrichen werden soll.
Vor zehn Jahren klangen die sozialpolitischen Vorstellungen Schröders noch anders. »Die ideale Gesellschaft ist die, die an der Gleichheit, jedenfalls an der Gleichheit der Chancen, orientiert ist, aber Individualität durchaus zuläßt«, sagte er 1986 in einem Gespräch mit Peter Gatter, das als Buch erschienen ist. »Diese Gesellschaft soll Individualität und individuelle Leistung belohnen, sie soll auch nicht frei sein von allen Privilegien. Aber sie soll dafür sorgen, daß der Unterschied zwischen oben und unten, zwischen Privilegierten und Nichtprivilegierten, nicht so riesig ist wie bei uns heute.« Heute ist der Unterschied zwischen Arm und Reich noch eklatanter als damals, aber Schröder orientiert sich als »Automann« an der Argumentationslinie der Unternehmerschaft.
Gerhard Schröder kommt von weit unten. Eine Herkunft als Kind der Unterklasse kann man nicht vergessen. Auch der Präsident der Vereinigten Staaten stammt aus ähnlichen Verhältnissen. »Wie Clinton«, urteilte Peter von Oertzen in der *Weltwoche*, »hat Schröder aus dieser Situation einen unbedingten Machtwillen entwickelt. Er plante den sozialen, den persönlichen Aufstieg. Sicher will er, daß es Kindern heute bessergeht als ihm damals, das ist seine ehrliche Überzeugung. Mehr soziale Gerechtigkeit, da ist er klassischer Sozialdemokrat. Aber er hat sich immer dem Milieu, in dem er um Macht kämpfte, angepaßt. Er war in der Bundestagsfraktion ein anderer als bei den Jusos. Als Ministerpräsident wieder ein anderer als im Bundestag. Ich würde das nie

als Renegatentum oder Verrat bezeichnen. Für ihn gelten nicht moralische, sondern sozialpsychologische Kategorien. Sein Leben einer Idee zu widmen ist ihm eine absurde Vorstellung.« Um so mehr, als er sich selbst der Beweis dafür sein mag, daß man »da unten« herauskommen kann, wenn man nur will.
Auf dem Parteitag in Hannover erklärte Oskar Lafontaine: »Wir wollen ein Land, in dem soziale Gerechtigkeit herrscht.« Es sei »schamlos, eine Rente von 900 Mark kürzen zu wollen«. 900 Mark, so niedrig liegt nach der Kürzung von 70 auf 64 Prozent des vormaligen Einkommens die durchschnittliche Rente von Frauen in der Bundesrepublik. Auch Schröder will selbstverständlich keine Rentnerin zur Almosenempfängerin machen: »Wir wollen, daß alte Menschen nicht auf Sozialhilfe angewiesen sind: Wir werden eine soziale Grundsicherung einführen, die im Bedarfsfalle die Rente so erhöht, daß Armut im Alter verhindert und die Inanspruchnahme von Sozialhilfe vermieden wird. Dadurch werden auch die Städte und Gemeinden bei der Sozialhilfe entlastet. Wir werden für ältere Patientinnen und Patienten die Zuzahlungen zu Arzneimitteln senken.« Die Kürzungen der Rente durch die konservativ-liberale Koalition will die SPD-Regierung rückgängig machen. Die Kosten einer solchen Grundsicherung für Rentner hatte Rudolf Scharping 1996 mit 1,5 Milliarden Mark beziffert. In einem Interview mit der *Zeit* erklärte er, solch eine Grundsicherung solle »anstelle des Nebeneinanders von kleiner Rente, Sozialhilfe, Kleiderzuschuß, Wohngeld, Heizungsbeihilfe und anderem« treten, für das bisher bis zu 30 Behörden zuständig seien.

»Der heutige unwürdige und teure Wust muß verschwinden.« Ein Teil der Kosten würde damit gleich wieder eingespart. Die unter Ökonomen und auch bei den Grünen diskutierte Idee, mit einem Grundeinkommen für alle – Stichwort: Negative Einkommensteuer – den teuren Bürokratiewust im sozialen Bereich weitgehend ganz zu beseitigen, findet in der SPD unter Gerhard Schröder bisher keinen Niederschlag.

»Vollblut-Politiker.«

FAZ nach Schröders Kür zum SPD-Spitzenkandidaten in Niedersachsen, 1986

Gerhard Schröder verweist auf ein weiteres Problem, das sich in der Zukunft stellen wird, nämlich, daß es kontinuierliche, langjährige Erwerbsbiografien, auf denen die beitragsfinanzierten Sozialversicherungen aufbauen, immer weniger geben wird. Teilzeitarbeit werde ebenso zunehmen wie der Wechsel zwischen Phasen der Erwerbstätigkeit und der Nichterwerbstätigkeit, etwa bei Kindererziehung (soll künftig bei der Altersversorgung angemessen berücksichtigt werden), Weiterqualifizierung oder vorübergehender Arbeitslosigkeit. Außerdem nähmen Erwerbstätigkeiten zu, in denen keine Versicherungspflicht besteht.

Weil für ihn diese »Flexibilisierung von Arbeit und Beschäftigung« unumkehrbar ist, sollen die Sozialsysteme in absehbarer Zukunft nur noch die Existenz sichern, Grundversorgung sein. Kurt Biedenkopf (CDU) liege

nicht falsch, wenn er angesichts der weniger werdenden Vollerwerbsstellen darauf hinweise, daß das Rentensystem der Zukunft eine Grundsicherung sein müsse, die durch Abgaben und Steuern finanziert werde. Er und NRW-Ministerpräsident Wolfgang Clement (SPD) fordern, daß die Alterssicherung in Deutschland langfristig auf mehr Standbeine als die Beiträge vom Arbeitslohn gestellt werden müsse, sonst werde »es nie etwas mit einem Durchbruch bei der Teilzeitarbeit«.
Schröder und seine Mitmodernisierer denken bei ihrem »Mehr-Säulen-Modell« an eine beitragsfinanzierte Grundsicherung, eine »Garantierente«. Welche Höhe diese haben wird, blieb bisher ungesagt. Es ist anzunehmen, daß diese Grundrente nur für das Nötigste, das Brot, reichen würde. Die Butter muß sich wohl in Zukunft jeder selbst sichern. »Kurz- und mittelfristig«, so Schröder, sei das Rentenkonzept der SPD solide, aber langfristig müßte es ergänzt werden. Darüber hinausgehende Vorsorge soll auch nach Schröders Vorstellungen eigenverantwortlich getroffen werden, etwa durch Lebensversicherungen oder durch Wohneigentum. Ein zweites Einkommen neben Lohn und Gehalt und damit mehr soziale Sicherheit soll die Beteiligung der Arbeitnehmer am Kapitalstock der Volkswirtschaft, am Produktivkapital und am Unternehmensgewinn bringen. Wenn die Arbeitnehmer bereit seien, in schlechten Zeiten auf Einkommen zu verzichten, dann müßten sie in guten Zeiten dafür entschädigt werden.
Es ist merkwürdig: Wenn das zuletzt ein Politiker der Union gesagt hätte, alle hätten wegen des Sozialabbaus lamentiert. Autoren wie Horst Afheldt sprechen schon

heute vom »ehemaligen Sozialstaat« Deutschland, aber Schröder darf sagen, daß noch weiter gekürzt werden muß. Er sagt nicht genau, wo er noch Spielraum sieht, aber er deutet ihn vielfältig an. Allerdings nennt er Kürzung nicht Kürzung, sondern sagt, er wolle »Ermutigung zu Eigenverantwortung und Eigeninitiative, nicht Bevormundung«. Und plötzlich finden das alle richtig. Dabei sind Schröders Ideen durchaus unter der Rubrik Deregulierung zu verbuchen, sie sind liberale Programmatik mit kuschelweicher Oberfläche. Im Wahlprogramm der SPD heißt es: »Die SPD-geführte Bundesregierung wird dafür sorgen, daß es bei den notwendigen Veränderungen fair und gerecht zugeht. Wir wissen: Soziale Innovation und nicht Sozialabbau, das ist die Basis für wirtschaftlichen Erfolg.«

Tatsächlich versprach Schröder auch, alles Mögliche zu tun, damit die finanzielle Basis für eine soziale Grundversorgung nicht weiter erodiert, sondern breiter wird. Um etwa den Mitgliederaderlaß der Kassen zu stoppen, will Schröder den großen »Mißbrauch der 610-Mark-Jobs (heute: 620, im Osten 520 Mark, *Anm. des Autors*) durch einen Teil der großen Handelsketten« eindämmen. Man könne darüber diskutieren, schlug er im *Spiegel* vor, »daß niemand mehr als beispielsweise zehn Prozent seiner Beschäftigten mit 610-Mark-Jobs abspeisen darf«. Immerhin also sollen diese sogenannten Arbeitgeber das Recht behalten dürfen, einen Teil der Beschäftigten »abzuspeisen«.

Das SPD-Wahlprogramm verlangt im Gegensatz dazu »sozial abgesicherte Arbeitsplätze für alle«. Scheinselbständige und bisher nicht versicherte Selbständige seien

in die Rentenversicherung einzubeziehen. Offenbar hat die SPD auch ihre Vorbehalte gegen Teilzeitarbeit beiseite gelegt. Zwar sind die Zeitarbeitnehmer nur Beschäftigte zweiter Klasse, aber besser als die sozialversicherungsfreien Jobs erscheint diese Alternative den Genossen allemal. Gerhard Schröder, berichtete der *Spiegel*, habe sich schon mit Frits Goldschmeding getroffen, dem Chef der holländischen Zeitarbeitsfirma Randstad. In den Niederlanden sind zur Zeit 3,2 Prozent der Beschäftigten »Leiharbeiter«, in der Bundesrepublik 0,6 Prozent.
Mit der Entlastung der Rentenversicherung und der Vergrößerung des Kreises der Beitragszahler seien die Beitragssätze zur Rentenversicherung zu senken, hofft die Partei, und könnten so bis weit ins nächste Jahrhundert auf niedrigerem Niveau stabilisiert werden. Sogar an eine Verlängerung der Lebensarbeitszeit denken die Sozialdemokraten, um die Beitragssätze senken zu können – allerdings nur bei einer Stabilisierung des Arbeitsmarkts. Sonst würden zwar die Probleme der Rentenversicherung kleiner, dafür aber die der Bundesanstalt für Arbeit wachsen.

Schröder, die Zukunft und die neuen Technologien

Als Bodo Hombach noch nicht Gerhard Schröders Wahlkampfmanager war, sondern »nur« Geschäftsführer der Preussag Handel GmbH und der Preussag Internationale GmbH, Aufsichtsratsmitglied der Ruhrkohle Bergbau und zahlreicher Wohlfahrtsverbände sowie SPD-Abgeordneter im nordrhein-westfälischen Landtag, hat er für die gesellschaftliche Realität in der Bundesrepublik einen netten Vergleich gefunden. In Deutschland, sagte Hombach, spielten alle ein bekanntes Brettspiel, das Malefiz-Spiel. Heute erscheine es den meisten Deutschen wichtiger, den anderen Steine in den Weg zu legen, als selbst voranzukommen. Deutschland sei eine »Malefiz-Gesellschaft«.

»Jedermann weiß, daß zum Politiker auch Leidenschaft gehört, auch das Streben nach Geltung und nach Macht! Wenn aber diese Kräfte sich im Gleichgewicht paaren mit den unverzichtbaren Tugenden, mit dem Bewußtsein der Grundwerte und mit dem Bewußtsein der eigenen Verantwortung; wenn außerdem eine große persönliche Ausstrahlung hinzukommt – so wie im Falle Gerhard Schröders –, dann haben wir eine gute Wahl getroffen.«

Altbundeskanzler Helmut Schmidt
auf dem Parteitag 1998 in Leipzig

Als 1997 im *Spiegel* ein Aufsatz von Gerhard Schröder erschien, der den »Luxus der Langsamkeit« angriff, stimmte der Autor dem Bild Hombachs vom Malefiz-

Spiel ausdrücklich zu. Später kam heraus, daß Schröders Aufsatz aus der Feder Hombachs stammte. Doch das ist nicht wichtig. Welcher Politiker von Format schreibt seine Reden, Aufsätze und Bücher heute noch selbst?
Wichtig ist, was unter dem Namen Schröder verbreitet wurde. Der Ministerpräsident war gerade aus den USA zurückgekehrt. Und er hatte erfahren: Für Männer wie Bill Gates oder Al Gore seien Worte wie »Innovationsstau«, »Blockade« oder »Technikangst« Fremdworte. Die Lage in der Bundesrepublik beschrieben diese Worte dagegen treffend. In Deutschland, ließ er wissen, mangele es an der richtigen Einstellung zu Innovationen. »Innovationsfähigkeit fängt im Kopf an.« Die »mentale Disposition« dafür sei genauso wichtig für den Wirtschaftsstandort wie die Kosten der Arbeit. »Das Gutgemachte ist der – auch moralische – Maßstab, nicht das Gutgemeinte.« Alles dauere hier zu lange. Hier würden gesellschaftliche, technologische und institutionelle Innovationen »im Gestrüpp organisierter Interessen und der vielen Zuständigkeiten der Institutionen und in unzähligen Kommissionen abgearbeitet«. Wer mit unkonventionellen Ideen aus dem Glied trete, werde schnell Opfer von Interessengruppen. »Auch wissenschaftlicher und technischer Fortschritt ist längst in Gefahr, mit laienhafter Beliebigkeit beurteilt zu werden.« Den Eliten mangele es an der Fähigkeit, »das als richtig Erkannte durchzukämpfen, sich notfalls dafür verprügeln zu lassen«. In den USA nenne man das »Leadership«.
Deutschland sei zwar »Spitze in der Forschung, aber

lahm in der Umsetzung«. »Innovationen werden bei uns nicht schnell genug in marktfähige Produkte umgesetzt.« Die Unternehmen forschten deshalb zunehmend im Ausland. Um den Fluß der Ideen zu beschleunigen, müsse der Staat »den Bypass um das Interessengestrüpp legen für die dringendsten Herausforderungen«. Die »hemmende Zersplitterung der Ressortzuständigkeiten« und die »Verwaltungs-Egomanie« müsse überwunden, die bürokratische Steuerung durchgreifend modernisiert werden.

Das klang wie die Rede des Bundespräsidenten Roman Herzog, der im April 1996 im Berliner Hotel Adlon die »Scheinsachverständigen mit Doktortiteln« heftig gerügt hatte, weil sie den Innovationsprozeß durch ihre Bedenken bremsten. In einem offenen Brief schlug die Vereinigung Deutscher Wissenschaftler e. V., darunter auch der Präsident Hans-Peter Dürr, damals zurück: »Wollen Sie uns Wissenschaftlern ernsthaft nahelegen, unsere Bedenken in bezug auf ›Kernkraft, Gentechnik und Digitalisierung‹ zu verschweigen? Sollen wir diese und andere in ihren Auswirkungen unabsehbaren Technologien wirklich der ›unglaublichen Dynamik‹ des Marktes überlassen? Wie können Wissenschaftler überhaupt noch auf Gefahren, die mit vielen Forschungen und Entwicklungen verbunden sind, aufmerksam machen, wenn gerade den Nachdenklichen Legitimation und Reputation streitig gemacht werden und die Mittel spärlicher zufließen? Wäre es nicht ungleich verantwortlicher und im Sinne Ihrer Rede dringlicher, über alternative Ziele und Wege der Innovation – beispielsweise auf dem Energiesektor – verstärkt forschen und

praktisch experimentieren zu lassen? Käme es nicht auf soziale Erneuerungen (soziale ›Innovationen‹) ebensosehr an wie auf technische?«
Obwohl praktisch noch nicht viel geschehen ist, wurde mit dem Aufstieg Gerhard Schröders parteiübergreifend eine »neue Aufgeschlossenheit für Innovation und technologischen Fortschritt« angemahnt, wo zuvor das Wort Reformstau kursierte. In einer Art großer Koalition haben Herzog und Schröder tatsächlich ein Umdenken bewirkt. Jetzt heißt es: machen statt mahnen. Mit der Berufung des parteilosen Unternehmers Jost Stollmann in sein Wahlkampfteam hat Schröder ein Zeichen gesetzt. Ob der Weg nun allerdings stimmt, ist eine offene Frage. Als hätte es Hiroshima, Harrisburg und Tschernobyl oder das Ozonloch nie gegeben, zeigten sich nicht nur Herzog und die Öffentlichkeit, sondern auch Gerhard Schröder wenig beeindruckt von den Bedenken der kritischen Wissenschaftler. Im Gegenteil: »Wir brauchen Wissenschaftler nicht als Gutachter für die Veto-Gruppen«, sagte Schröder auf dem Parteitag in Hannover, »sondern als Motoren der Moderne.«
Der sozialdemokratische Wirtschaftsexperte Siegmar Mosdorf behilft sich bei der Interpretation des neuen sozialdemokratischen Modernismusbegriffs mit chinesischer Lyrik: »Wenn der Wind des Wandels weht, kann man Mauern bauen oder Windmühlen.« Hoffentlich kommt kein Sturm auf. Rainer Fischbach meinte dagegen in den *Blättern für deutsche und internationale Politik*, das Schrödersche markt- und technologiefixierte Innovationsdenken sei »mitnichten innovativ, sondern rückständig, weicht dem tatsächlichen Reformbedarf

aus und führt zur permanenten Flucht nach vorne. Der damit verbundene Begriff von Moderne ist antiaufklärerisch, reaktionär.«

Schröder ficht das nicht an. Auf den dritten Platz sei Deutschland bei den Patentanmeldungen gerutscht, nach 16 Jahren konservativ-liberaler Regierung kauften die Deutschen mehr Ingenieurleistungen aus dem Ausland ein, als sie dorthin exportierten. »Die USA verdienen in jedem Jahr 37 Milliarden Mark mit dem Export von Lizenzen und Patenten ins Ausland – während wir sie importieren.«

In der Biotechnologie, in der die breiteste Grundlagenforschung von deutschen Hochschulen gekommen sei, finde die Umsetzung in Produkte bis hin zur Großtechnologie heute nicht in Deutschland, sondern in den USA statt. Das sei ein Milliardenmarkt mit Millionen Arbeitsplätzen. Den besten OECD-Ländern genügten 0,6 Prozent Wachstum, damit es beschäftigungswirksam werde, »wir dagegen brauchen 2,3 Prozent Wachstum, damit der erste neue Arbeitsplatz entsteht.« Der Selbständigenanteil sei auf sieben Prozent gefallen. Es waren einmal 17 Prozent. An amerikanischen Hochschulen gehöre es zum guten Ton, daß man Patente anmeldet und sich aus der Hochschule heraus selbständig macht. »Das kann an deutschen Hochschulen auch so gehen.«

In Zukunft sollen nach Schröders Willen auch in Deutschland wieder erst die Chancen, dann die Risiken neuer Technologien gesehen werden. In den »Eckpunkten« versprach Schröder eine »Innovationsoffensive« in der Bio- und Gentechnologie, in der Informationstechnologie, bei Umweltschutztechnologien, Energietechnologien und in der Verkehrstechnologie. »Wir wollen die großen Chancen der neuen Technologien nutzen.« Die Umsetzung von Forschungsergebnissen in neue, marktfähige Produkte müsse »wesentlich beschleunigt« werden. Chemie, Maschinenbau und Automobilindustrie brauchten einen Innovationsschub. »Wir wollen zum Beispiel, daß in unserem Land auch künftig die besten Autos der Welt produziert werden.« Politik, Wirtschaft, Forschungseinrichtungen und Hochschulen sollen in Zukunft enger zusammenarbeiten, damit die Deutschland AG wieder besser funktioniert. Schröder stellte schon früh in Aussicht, daß er als Kanzler das Wirtschaftsministerium mit den Bereichen Forschung und Technologie sowie Bildung zusammenlegen werde. Bildung wird also näher an den Bedürfnissen der Wirtschaft ausgerichtet werden. Und die Hochschulen sollen ihre Ergebnisse und Ideen vermarkten. Nach Schröders Willen sollen sie deutlich mehr in Konkurrenz zueinander treten und ihre Forschungsergebnisse auf dem Markt anbieten. Was sie an Tantiemen erwirtschaften, soll ihnen vollständig erhalten bleiben.

Mit seinen forschungspolitischen Zielen hat Schröder dem BDI aus der Seele gesprochen. Dessen Präsident Hans-Olaf Henkel fordert schon seit Jahren: »Leitbilder deutscher Innovationspolitik müssen vorrangig auf am Weltmarkt verkaufbare Innovationen zielen.« Die Wissenschaft müsse »lohnende Felder« lokalisieren. Sie dürfe nicht übersehen, »daß der Markt entscheidet, was innovativ ist«, und daß Unternehmen »die Innovationen zu Markterfolgen führen müssen«. Forschungspoli-

tik müsse deshalb »ihre Leitbilder letztlich von Märkten, Bedürfnissen und Unternehmen bestimmen lassen«.
Was selbstverständlich auch Konsequenzen bei der Verteilung der Forschungsmittel haben wird: »Die Grundfinanzierung der Institute ist konsequent an anerkannten Leistungskriterien zu orientieren.« Die Zuteilung der Mittel müsse von laufenden Vergleichen zwischen Kosten und Zielbeiträgen begleitet sein. Auch die öffentlichen Forschungseinrichtungen müßten stärker in diesen Innovationsprozeß einbezogen werden. Es braucht nicht erklärt zu werden, daß sich das BDI-Gremium, das diese Leitlinien erarbeitete, aus hochrangigen Vertretern der deutschen Spitzenunternehmen zusammensetzte. Das Gremium empfahl die Einrichtung eines Lenkungsausschusses, der dem Forschungsministerium vorschlägt, welche Leitprojekte gefördert werden sollen. In irgendeiner Weise kritische, etwa die gesellschaftlichen und sozialen Folgen technischer Innovationen abschätzende Ansätze – in den sonst als Wegweiser gern gebrauchten USA sind »Science & Technology Studies« eine aufstrebende Disziplin – kommen in dem Papier nicht vor.
Damit scheint sich in der Forschung auch mit der neuen Regierung ein breiter Konsens fortzusetzen: »Die Zukunft des Standorts Deutschland hängt maßgeblich von der Leistungsfähigkeit und Kreativität der Forschung ab, ebenso von den Bedingungen, die heute für Entwicklung und Einführung neuer Produkte bestehen, aber auch von einem für Neuerungen offenen Klima in der Gesellschaft … Forschung und Entwicklung in der Wirtschaft müssen verstärkt, die Forschungsförderung

des Staates noch effizienter eingesetzt und schrittweise ausgebaut werden. Die Zusammenarbeit und der Wissenstransfer zwischen Wissenschaft und Wirtschaft ist zu intensivieren und zielgenauer auf Anwendungen hin auszugestalten.« So stand es schon in der Vereinbarung, die Helmut Kohl mit Vertretern von Wirtschaftsverbänden und Gewerkschaften am 23. Januar 1996 unter dem Titel »Bündnis für Arbeit und zur Standortsicherung« getroffen hatte. Heute ist diese Botschaft Teil des SPD-Wahlprogramms und damit auch der Regierung Gerhard Schröders geworden.

»Opportunisten haben auch Vorteile – wohin sie neigen, hängt vom Druck ab.«

Detlev Hensche, IG-Medien-Chef, 1998

Ob sich der Schwenk und die Aufgabe alter sozialdemokratischer Grundsätze lohnen wird, ist zweifelhaft. Beispiel Gentechnik: Der Arbeitsplatzboom, der durch die Entwicklung in der Gentechnik versprochen worden war, scheint nicht zu kommen. Die Prognosen scheinen viel zu optimistisch: Ganze 40 000 Jobs gibt es zur Zeit in der Bundesrepublik, je zur Hälfte im öffentlichen und im industriellen Bereich der Gentechnologie. Eine Untersuchung des Basler Prognos-Instituts, in Auftrag gegeben vom damaligen »Zukunftsminister« Jürgen Rüttgers, versprach maximal 60 000 zusätzliche Stellen in der Biotechnologie. Insgesamt rechnen die Schweizer mit einem Umsatz von fünf Milliarden Mark. Die Inter-

essenverbände, so Prognos, hätten in der Vergangenheit »eher Wunschvorstellungen in Zukunftsprojektionen als realistische Marktzahlen genannt«.
Doch selbst diese angestrebten Wachstumszahlen verhehlen, daß Gentechnik in anderen Bereichen Jobs wegrationalisiert, etwa bei der Nahrungsmittelproduktion. Weil nicht nur die Deutschen Vorbehalte gegen gentechnisch manipulierte Nahrungsmittel haben, bleibt in diesem Bereich das Wachstum (noch) schwach. Allein die Medizin setzt zur Zeit neue Erkenntnisse auch in marktfähige Produkte um. Auf 170 Milliarden Mark weltweit hatte die Brüsseler Lobby-Organisation Senior Advisory Group of Biotechnology (SAGB) die Umsätze durch die neue Technologie zur Jahrtausendwende beziffert. Inzwischen erwarten selbst optimistische Prognosen nur noch 30 Milliarden.
Weil nicht einmal die wirtschaftlichen Daten bei der neuen Technologie stimmen, gewinnen ethische Bedenken selbst in einer neoliberalen Forschungslandschaft wieder mehr Gewicht. Die Martin-Niemöller-Stiftung mahnt, die Menschenwürde dürfe nicht den Zielen Wohlstand oder Wirtschaft untergeordnet werden. Nicht einmal der Eingriff ins menschliche Erbgut sei durch die europäische Bioethik-Konvention ausgeschlossen worden. »Wenn der Wissenschaft und der Wirtschaft hier nicht die Grenzen der humanen Bestimmung allen menschlichen Tuns aufgezeigt werden, wird es kein Halten geben. Der Wirtschaftsstandort Deutschland hat keine humane Berechtigung, wenn er unter dem Druck innereuropäischer Konkurrenz … die Grundwerte unserer Verfassung … aufgibt.«

Auch der Bremer Wirtschaftswissenschaftler Ulrich Dolata empfahl in der *Frankfurter Rundschau* einen »verantwortlicheren Umgang mit der Gentechnik« und mehr Öffentlichkeit. Deutschland könne es sich leisten, »auf besonders riskante Entwicklungen – wie die mit ungeklärten Folgen verbundene Freisetzung von Pflanzen – zumindest befristet zu verzichten, ohne einen dramatischen Einbruch seiner Wettbewerbsfähigkeit befürchten zu müssen«.
Geklonte Menschen, klar, die dürfe es nicht geben. Diese Grenze zieht auch Gerhard Schröder unmißverständlich. Aber so groß das Risikopotential und die Zerstörungspotenz neuer Technologien auch sei, es gebe »kein Zurück«. Statt staatlicher Kontrollen setzt Schröder auch in der Forschung auf die Eigenverantwortung der Handelnden. Man brauche einen ethischen Kodex, dem sich die Wissenschaft unterwirft – weltweit.
Die neue Regierung unter Gerhard Schröder will deutlich mehr Geld für die Forschung bereitstellen. Die letzte Bundesregierung hatte unter dem Spardruck gerade in diesem Bereich fast jedes Jahr gekürzt. Das war nun wirklich ein unverzeihlicher Fehler. Im Wettbewerb seien gerade Investitionen in Forschung und Lehre unbedingt erforderlich, meint das Deutsche Institut für Wirtschaftsforschung (DIW), »weil ein Teil des hohen Realeinkommens in den Industrieländern auf Innovationsrenditen zurückzuführen ist, die verlorengehen, wenn sich das Innovationstempo im Vergleich zu den aufholenden Ländern verlangsamt«. Zuletzt aber kürzte nicht nur der Bund, auch die Länder inklusive Niedersachsen kürzten, die ja in erster Linie für die Hochschu-

len verantwortlich sind. 1997 stellte der Bund gerade noch 15 Milliarden Mark für Bildung bereit, real 15 Prozent weniger als 1982. Das sind noch ganze 3,2 Prozent des Haushalts gegenüber 4,7 Prozent zur Zeit des letzten Regierungswechsels. Ganze 150 Mark pro Jahr bringt jeder Bundesbürger noch für die Lernenden und Forschenden auf, damals waren es noch 233 Mark. Auch 1998 gingen die Bundesmittel für Bildung und Forschung real zurück. Bis zum Jahr 2001 sollte der Bonner Bildungsetat weiter auf 14 Milliarden Mark reduziert werden.

Damit tendierte die Bundesrepublik zuletzt international zu einem Abstiegsplatz. 4,8 bis 7,8 Prozent des Bruttoinlandsprodukts geben die Staaten der OECD für Bildung insgesamt aus, also der Staat für Kindergärten, Schulen, Hochschulen, Förderungsmaßnahmen und sonstiges Bildungswesen, die Wirtschaft und der Öffentliche Dienst für Lehrlingsausbildung und die Bundesanstalt für Arbeit für die berufliche Bildung. Die Bundesrepublik, errechnete das DIW, liegt mit 5,9 Prozent oder 200 Milliarden Mark »nur am unteren Rand des Mittelfeldes«. Mit ihren Ausgaben für Bildung und Forschung allein ist die Bundesrepublik unter Helmut Kohl auf den achten Platz zurückgefallen, klagte die bildungs- und forschungspolitische Sprecherin der SPD, Edelgard Bulmahn, »hinter Japan, USA, Schweden, Schweiz und neuerdings Frankreich, Finnland und gar Südkorea«. »Unzureichende Investitionen in Bildung und Forschung«, rügt Bulmahn, »sind Raubbau an der Zukunft der nachwachsenden Generation und stellen einen Bruch des Generationenvertrages dar.« Ohne aus-

reichende Finanzierung werde man die Hochschulen »nicht fit machen können für das kommende Jahrhundert«.
Japan hat angekündigt, seine Ausgaben für Forschung und Entwicklung (FuE) bis zum Jahr 2000 zu verdoppeln. Die USA sahen eine 20prozentige Steigerung vor. Gerhard Schröders SPD-Regierung will nun ebenfalls die Zukunftsinvestitionen in Forschung und Wissenschaft in fünf Jahren verdoppeln. Damit sollen auch die Personalkosten für Forschungen in kleineren und mittleren Betrieben mit bis zu 20 Prozent abgedeckt sowie Mitarbeitern aus Großforschungseinrichtungen der Weg in die Selbständigkeit erleichtert werden. Genehmigungsverfahren sollen beschleunigt, Vorschriften entrümpelt werden.
Interessant wird sein zu beobachten, ob auch die Länder, in der Mehrheit unter SPD-Kontrolle, Gerhard Schröder und der neuen Bundesregierung folgen werden – insbesondere bei der Finanzierung von Forschung. Schröder hatte sich in Sachen Loyalität gegenüber der Partei als Ministerpräsident Niedersachsens ja nicht immer wie gewünscht verhalten, sondern die (Spar-)Interessen seines Landes vorangestellt.
Folgerichtig mißt die CDU Schröders Ankündigungen für Innovationen, Forschung und Bildung gern an dessen Leistungen in Niedersachsen: Ein 400 Millionen Mark teures Technologieprogramm hatte er beim Amtsantritt 1990 versprochen, 1996 war die Förderung auf nur noch 23 Millionen Mark gekürzt worden. Das sei weniger als ein Zehntel der Mittel, kritisierte die CDU, die der Bund jährlich für wissenschaftliche Forschung

und Großforschungsprojekte in Niedersachsen zur Verfügung stelle. Die Förderung von Existenzgründern sei seit 1994 eingestellt. An Risikokapital stelle das Land nur zehn Millionen Mark zur Verfügung, ein »Alibibetrag«. Die unionsregierten Länder »nehmen Beträge in zehn- bis 30facher Höhe in die Hand: Bayern 300 Millionen DM, Sachsen 100 Millionen DM, Baden-Württemberg 100 Millionen DM. Niedersachsen hält den letzten Platz mit 19 Beteiligungen«.

Abgelehnt habe Schröder den Transrapid, die Internationale Luftfahrtausstellung sei nach Berlin abgewandert. Auch die Wirtschaft sehe Niedersachsen nicht als idealen Standort etwa für Multimedia an. Nicht einen Modellversuch gebe es für neue kommunikationsfähige Informationstechnologien, Telematik, Teleshopping, Video on demand oder Pay-TV. »Alle anderen Bundesländer haben mit der Industrie Modellprojekte für Datenautobahnen durchgeführt, zum Beispiel in Bayern oder in Berlin. Die Landesregierung Niedersachsen hat absolute Funkstille auf den Datenautobahnen.« Schließlich sei die Forschungs- und Technologieförderung in Niedersachsen so schlecht, daß die Deutsche Forschungsgemeinschaft (DFG) fast keine neuen Förderanträge mehr bewillige.

Auch die Bildungsbilanz Schröders in Niedersachsen könnte besser aussehen: An den Hochschulen des Landes wurden nach 1994 nahezu 1300 Personalstellen ersatzlos gestrichen, die Hochschulmittel um mehr als 300 Millionen Mark gekürzt. Die Landeshochschulkonferenz klagte, damit würden Forschung, Lehre und Nachwuchsförderung irreparabel geschädigt, der Bestand ganzer Fächer gefährdet und die Studienzeiten verlängert. Die niedersächsischen Schülerinnen und Schüler haben heute nahezu zehn Prozent weniger Unterricht als 1990. Trotz insgesamt 90 000 zusätzlichen Schülern wurden bis 1996 rund 3000 Vollzeitstellen für Lehrer gestrichen. Zum Schuljahresbeginn 1997 gab es noch einmal 20 000 Schüler mehr, aber erneut strich Schröders Regierung mehr als 700 Lehrerstellen. »Die Landesregierung in Niedersachsen«, meinte die CDU in einer Pressemeldung, »tut wenig dafür, daß die Schüler gewabnet (!) sind für den Eintritt ins Informations- und Wissenszeitalter.« Diese Meldung muß ein Niedersachse geschrieben haben.

»Dazu sage ich gar nichts.
Das habe ich nie getan.«

Helmut Kohl über Schröder im Wahlkampf, 1998

Als Kanzler will Schröder jetzt alles anders machen. Die fünf »Forschungspäpste« der Bundesrepublik – Wolfgang Frühwald, Präsident der deutschen Forschungsgemeinschaft (inzwischen ausgeschieden), Wolf Lepenies, Rektor des Wissenschaftskollegs zu Berlin, Reimar Lüst, Präsident der Alexander-von-Humboldt-Stiftung in Bonn, Hubert Markl, Präsident der Max-Planck-Gesellschaft, München (inzwischen ebenfalls ausgeschieden), sowie Dieter Simon, u. a. Präsident der Berlin-Brandenburgischen Akademie der Wissenschaften – werden die Schröderschen Versprechen mit Freude vernommen haben. Schon 1997, als mühsam ein Kompromiß über ein neues Hochschulrahmengesetz ausgehandelt wurde, machten sie ihrem Ärger Luft. In der Bundesrepublik marschierten derzeit »Staat und Wirtschaft Arm in Arm in die falsche Richtung«, beklagten sie. Statt weniger Investitionen in Forschung und Bildung erforderten die Schaffung neuen Wissens, der Zwang zu intelligenter Nutzung und schneller Anwendung mehr Mittel. »Statt dessen werden sie unter dem Diktat einer alle anderen Politikfelder dominierenden Fiskalpolitik weiter verringert.« Nur mit einer tiefgreifenden Reform könne sich Deutschland, »das ein Hochlohnland ist und bleiben wird«, im Wettbewerb auf innovativen Arbeitsfeldern behaupten. Dazu bedürfe es erstklassiger Universitäten mit einer veränderten Organisationsstruktur. Um das zu erreichen, müsse das föderale System stärker genutzt werden. Die Länder sollten »mehr als bisher« in einen »Wettbewerb zur Schaffung der besten Schulen und Hochschulen eintreten«. Die Schließung mittelmäßiger Einrichtungen und die Aufgabe unproduktiver Standorte dürfe kein Tabu sein. Politik, die Forschung und Ausbildung keine Priorität einräume, verspiele die Wettbewerbsfähigkeit des Landes. »Sie nimmt der Jugend das Vertrauen in die Zukunft und den Mut zum vorausschauenden Handeln.« Schnelle Umkehr tue not, erklärten die fünf damals.

Mit seinen forschungs- und hochschulpolitischen Zielen befindet sich Gerhard Schröder also durchaus auf der Höhe der Zeit. Mehr Innovation, mehr Praxisorientierung, mehr Konkurrenz, die das Geschäft beleben soll, das ist weitgehend Konsens. Wenn das Volk der

Dichter und Denker dabei nicht seine humanistische Tradition und seine Aufgaben im geisteswissenschaftlichen Bereich vergißt, ist dagegen kaum etwas einzuwenden. Wenn den Herausforderungen des Weltmarkts und der Globalisierung durch bessere Qualifikation begegnet werden soll, dann ist das sicher eine gute Antwort, sofern das nicht in einen materiellen Wettbewerb unter jungen Menschen führt, bei dem die sozial schlechter gestellten Studenten auf der Strecke bleiben – mangels finanzieller Förderung oder wegen Studiengebühren, wie sie in den USA üblich sind.

Die SPD hat deshalb eine »elternunabhängige Grundförderung für alle Studierenden während des regulären Studiums« angekündigt. Alle Studenten sollen 350 bis 400 Mark erhalten. Kindergeld und Steuerfreibeträge für die Eltern von Studierenden sollten dafür wegfallen. Für einkommensschwache Familien ist »je nach Bedarf« eine Zusatzförderung geplant. Studiengebühren lehnt die SPD ab.

Schröder hat als Schüler und Student selbst erfahren, was es heißt, mit knappen Mitteln auskommen zu müssen. Die Journalisten Béla Anda und Rolf Kleine haben beschrieben, wie Schröder litt, weil er nicht aufs Gymnasium durfte, zwei Bauernsöhne dagegen schon, die nach Schröders subjektiver Einschätzung zwar viel schlechtere Schüler waren, deren Eltern aber eben genug Geld hatten. Seine Schwester Heiderose erzählte, ihr Bruder habe schon damals gesagt, alle müßten gleiche Chancen haben, »auch wer kein Geld hat, solle eine gute Schulausbildung haben können«. Ihm half als jungem Mann eine Halbwaisenrente von 200 Mark, das Ab-

Gratulation: Willy Brandt beglückwünscht den 41jährigen Gerhard Schröder zu dessen Spitzenkandidatur für die Landtagswahlen in Niedersachsen 1986.

Strittiger Auftritt: Der gemeinsame Besuch der Ehepaare Schröder und Piëch auf dem Wiener Opernball sorgte 1996 für negative Schlagzeilen (*v.l.n.r. sitzend:* Ursula Piëch, Hiltrud Schröder; *stehend:* Ferdinand Piëch, Gerhard Schröder).

Unter Bossen: Gerhard Schröder mit Helmut Werner (*l.*), Vorstandsvorsitzender der Mercedes-Benz AG, und Heinrich von Pierer, Vorstandsvorsitzender der Siemens AG (September 1996).

Unerwarteter Querschläger: Per Telefon erfuhr Gerhard Schröder Ende August 1995, daß Rudolf Scharping ihm das Amt als wirtschaftspolitischer Sprecher der SPD entzog.

Klaffender Abgrund: Schröder und Scharping im September 1995 bei ihrem ersten Auftritt nach dem offenen Zerwürfnis.

Engagiertes Team: Lange Zeit galten Gerhard Schröder und seine Frau Hiltrud als Traumpaar.

Blondinen bevorzugt: Gerhard Schröder und Oskar Lafontaine mit Doris Köpf (*l.*) und Christa Müller (August 1997).

Offizielles Hochzeitsbild: Vor der Nachfeier ihrer Hochzeit, die bereits im Oktober 1997 stattgefunden hatte, stellt sich das Ehepaar Schröder-Köpf im März 1998 den Fotografen.

Der Neue und der Alte: Gerhard Schröder und Helmut Kohl bei der Eröffnungsfeier der CeBIT im März 1998.

Blumen für den Sieger: Oskar Lafontaine gratuliert Gerhard Schröder zu dessen offizieller Wahl zum SPD-Kanzlerkandidaten im April 1998.

Spitzbübische Freude: Gerhard Schröder vor einem satirischen »Wahlplakat«, das der Entertainer Harald Schmidt für seine Fernsehshow produzieren ließ.

Herzliche Begrüßung: Altbundeskanzler Helmut Schmidt hielt auf dem Leipziger Parteitag der SPD im April 1998 eine bewegende Rede auf Gerhard Schröder.

Die Kultfusion: »Guildo Schröder«, eine Karikatur von Gerhard Haderer, findet reißenden Absatz.

Strahlender Sieger: Der neue Kanzler am Wahlabend des 27. September 1998.

itur nachzumachen. Als Jurastudent an der Uni Göttingen arbeitete er in den Semesterferien auf dem Bau.
Heute erhalten in Westdeutschland nur zehn Prozent der Studenten staatliche Unterstützung, in den neuen Bundesländern ein wenig mehr als ein Viertel, meldete das Deutsche Studentenwerk. Im europäischen Vergleich schneidet Holland erheblich besser ab: Dort werden 95 Prozent der Studenten staatlich unterstützt.
Das Vorbild USA, das weiß Schröder, taugt für bundesrepublikanische Verhältnisse nicht. In den USA erhalten zwar zwei Drittel der Harvard-Studenten ein Stipendium. Aber sie bezahlen auch eine Studiengebühr von fast 20 000 Dollar, eine Summe, mit der ein Großteil der Familien in den USA ein ganzes Jahr lang auskommen muß. Dafür teilen sich nur zwölf Studenten einen Professor, 97 Prozent schließen ihr Studium auch nach vier Jahren ab. An deutschen Hochschulen beenden 30 Prozent ihr Studium ohne Abschluß, an den Fachhochschulen 20 Prozent. Der Anteil der »Armen« allerdings ist auch in den USA mit dem Abbau der Stipendien von 26 auf unter 20 Prozent gefallen. Vertretbare Gebühren würden in der Bundesrepublik ohnehin die Verwaltungskosten wieder auffressen. Um keinen sozialen Numerus clausus einzuführen, müßte zunächst das Stipendiensystem erheblich verbessert werden.
Schröder und die SPD wollen nicht nur die Qualifikation der Studenten für den Arbeitsmarkt, sondern die Ausbildung der ganzen Bevölkerung vorantreiben. Bildung sei die wichtigste Investition für die Zukunft. »Deutschland«, fordert Schröder, »muß eine lernende Gesellschaft werden.« Da gibt es erhebliche Defizite.

Eine wachsende Zahl von Abiturienten entscheidet sich heute gegen ein Studium und für eine Lehre mit den leicht vorauszusehenden Folgen für diesen Markt. Nur 2,2 Prozent der Deutschen studieren, und damit steht das Land an drittletzter Stelle in Westeuropa. Nur Großbritannien und die Schweiz haben weniger Hochschüler.

Und auch diejenigen, die einen Arbeitsplatz haben, müssen umdenken. Ein Leben lang werden die wenigsten ohne Fortbildung auskommen. Die meisten Menschen werden in Zukunft ihren Job, ja ihren Beruf mehrfach wechseln, weil der Strukturwandel ständig Arbeitsplätze vernichtet, neue entstehen läßt. Schröder stellt sich das so vor, als springe der Arbeitnehmer auf einem Trampolin. Wenn er aus dem Produktionsprozeß herausfällt, weil sein Arbeitsplatz der Modernisierung zum Opfer gefallen ist, dann will ihm Schröder die Energie zum Wiederaufstieg geben. Der Staat stellt das Trampolin bereit, von dem aus es wieder aufwärtsgeht – durch Fort- und Weiterbildung. In Leipzig sagte er: »Ich wünsche mir wie Tony Blair, daß es keine Phasen der Arbeitslosigkeit mehr gibt, sondern nur noch Phasen des Neu- oder Nachlernens. Arbeitslosigkeit muß zur Vorbereitung auf eine neue Berufstätigkeit genutzt werden.«

Die SPD will auch eine »Straffung und bessere Organisation der Studiengänge«. Schneller studieren, schneller auf den Arbeitsmarkt, heißt das. Doch nicht nur der ehemalige Präsident des Deutschen Hochschulverbands, Hartmut Schiedermair, befürchtet, daß mit solchen Kurzstudiengängen die Qualität der deutschen

Universitäten aufgeweicht wird. Ralf Dahrendorf hat in der *Berliner Zeitung* weitere Einwände formuliert: »Ich glaube nicht, daß Engländer oder Amerikaner gut ausgebildet sind, weil sie Dreijahresstudiengänge haben.« Allerdings scheint ein MBA aus anderen Gründen hervorragende Vorschußlorbeeren mitzubringen. Dahrendorf hat beobachtet, daß der Absolvent eines dreijährigen Studiums in Oxford selbst im Vergleich mit einem Diplomvolkswirt aus Berlin in vielen Institutionen außerhalb des Öffentlichen Dienstes bevorzugt werde, »nicht zuletzt, weil er bis zu fünf Jahre jünger ist als der andere«.

Die Tendenz, die Gerhard Schröder bildungs- und hochschulpolitisch vorgibt, ist dennoch richtig. Es gibt nur einen Bereich des Arbeitsmarkts, der heute noch in einer fortgeschrittenen Volkswirtschaft Zukunft verspricht: Robert B. Reich, Arbeitsminister unter Bill Clinton und inzwischen enttäuscht aus dem Amt ausgeschieden, nannte ihn den Bereich der »symbolanalytischen Dienste«. Problemidentifizierer und -löser werden gesucht; Reich zählt zu ihnen Forschungswissenschaftler, Design-, Software- und Bauingenieure, Biotechnologen, Toningenieure, PR-Manager, Investment-Banker, Anwälte, Baulanderschließer, Management-, Finanz-, Steuer-, Energie-, Landwirtschafts-, Rüstungs- und Architekturberater, strategische Planer, Personalvermittler und Marketingstrategen. Ferner nennt Reich eine Reihe von Tätigkeiten in Medien, Werbung und an den Universitäten. Die Alternative heißt also: Bildung oder Arbeitslosigkeit. Dazu, so Reich, brauche es aber schon in der Kindheit »ausgezeichnete öffentliche Schulen sowie großzügige Finanzhilfe für junge Leute ..., die das College besuchen möchten«. Für Beschäftigte bedürfe es der Fähigkeit, sich während der Berufsausübung fortzubilden. Reich forderte ein, daß der Staat »jedem einigermaßen talentierten ... Kind die Chance gibt, zum Symbolanalytiker zu werden«. Im Prinzip könnten alle Routinearbeiter zum Symbolanalytiker werden und »ihre alten Jobs in die Entwicklungsländer abwandern lassen«.

Nötig sind dazu allerdings begleitende Maßnahmen, insbesondere für diejenigen, die Kinder erziehen. Die Infrastruktur muß nicht nur erhalten, sie muß verbessert werden. Zum Beispiel brauchen hochqualifizierte Eltern Kindergartenplätze und Ganztagsbetreuung für Schulkinder, damit ihr eigenes Wissen nicht jahrelang brachliegt und veraltet und sie nach der Erziehungszeit den Anschluß nicht mehr finden können.

Gerhard Schröder hat erkannt: »Wir haben die elternfeindlichste, vor allem aber die frauenfeindlichste Schulwirklichkeit Europas. Im Gegensatz zu anderen Ländern gibt sie Frauen nicht einmal ausreichend Gewißheit, daß ihre Kinder in festen Zeiten in der Schule zuverlässig betreut werden. (...) Wir brauchen mehr Ganztagsschulen und Betreuung für jüngere Kinder.« Unter seiner Führung soll das besser werden: »Ich vermag nicht einzusehen, weshalb das in vielen Staaten Europas klappt und nur bei uns nicht möglich sein soll. Jede Frau muß sich entscheiden können, ob sie einen Beruf weiter ausüben oder sich ganz der Kindererziehung widmen will. Letzteres darf dann nicht zur Dequalifizierung führen.«

»Daß ich mit Gerhard Schröder im persönlichen Umgang keine Probleme habe, ist gut. Aber Freundschaft, das bewegt sich doch auf einer ganz anderen Ebene. Dazu gehört eine grundsätzliche Übereinstimmung.«

Edmund Stoiber, Ministerpräsident von Bayern, 1998

Aber wer soll das bezahlen? Bezahlen werden das diejenigen, die von solchen Investitionen profitieren: die Symbolanalytiker, die Eliten. »Natürlich«, sagt Robert B. Reich zu Recht, »müßten sie auch die Hauptlast einer neuen Abgabenordnung zur Umverteilung der Einkommen und zur Reduzierung der polarisierenden Auswirkungen der globalisierten Wirtschaft tragen.« Diese Selbstverständlichkeit – im deutschen Gejammer um die angeblich zu hohen Spitzensteuersätze nie gehört – kann allerdings nur formulieren, wer diese Spezialisten nicht nur als Elite sieht, sondern wie Reich als »Begünstigte«. Das Wort vom »verdienten Lohn« der Eliten, denen man diesen nicht wegsteuern dürfe, weil sie sonst ihren Antrieb verlören, büßt noch den letzten Rest an Kraft ein, wenn man erkennt, daß nicht (nur) die eigenen Anlagen oder gar Fleiß für den Aufstieg verantwortlich waren. »Hohe Einkommen«, schreibt Reich, »haben mehr mit dem Glück zu tun, in symbolanalytischen Haushalten innerhalb symbolanalytischer Enklaven aufgewachsen zu sein, als mit dem Besitz eines einzigartigen Talents oder der Fähigkeit zu harter Arbeit.«

Gerhard Schröders Werdegang mag diesem letzten Argument widersprechen: von ganz unten nach ganz oben. Aber erstens bestätigen Ausnahmen die Regel, zweitens gelang ihm der Aufstieg in der sozialdemokratischen Partei, wo früher weniger Symbolanalytiker als heute aufstrebten. Und drittens zählte Reich Politiker ohnehin nicht dazu. Anwälte schon.
Reichs Ansatz ist offenbar in das SPD-Programm eingeflossen. Die »sehr hohen Privatvermögen« sollen »wieder einen gerechten Beitrag leisten, um Bildung und andere öffentliche Dienstleistungen finanzieren zu können«. Unternehmen allerdings sollen nicht unter die Vermögensteuer fallen. »Das Betriebsvermögen der Unternehmen werden wir freistellen.« Außerdem soll mit hohen Freibeträgen sichergestellt werden, »daß Normalverdiener von der privaten Vermögensteuer nicht betroffen werden. Normale Einfamilienhäuser werden nicht besteuert: Der vorgesehene Freibetrag von z. B. einer Million Mark für eine Familie mit zwei Kindern liegt deutlich über dem steuerlichen Wert normaler Einfamilienhäuser.«

Schröder und der Umweltschutz

Jeder Deutsche verbraucht nach einer Studie von BUND und Misereor etwa zehnmal soviel Energie wie ein Argentinier, Filipino oder Ägypter. Ein Erdball allein könnte diese extensive Form von Konsum gar nicht bewältigen, würden alle Menschen so leben wie wir. Zwölf Tonnen Kohlendioxid pro Jahr setzt im Durchschnitt jeder Deutsche frei – die fünffache Menge dessen, was die Erde ertragen könnte, würde jeder Mensch soviel CO_2 in die Luft pusten wie wir. Jeder Deutsche belastet die Umwelt überdurchschnittlich durch seinen Pkw, seinen Energieverbrauch, mit Treibhausgas, mit Ozonschichtkillern, durch den Straßenbau, durch den Transport von Gütern und Personen, mit Aluminium-, Stahl- und Zementverbrauch sowie durch Haus- und Sondermüll.

Auf der UN-Klimakonferenz 1995 in Berlin versprach die damalige Bundesregierung unter Helmut Kohl, bis zum Jahr 2005 den Ausstoß von CO_2 gegenüber 1990 um ein Viertel zu reduzieren. Trotz des Industrieabbaus in den ostdeutschen Ländern wird sich dieses Ziel wegen des Zuwachses der Emissionen im Westen nicht realisieren lassen, wenn sich nichts Grundlegendes ändert. Doch darauf deutet nichts hin. Die Prognos AG rechnet bestenfalls mit 13 Prozent CO_2-Reduktion bis zum Jahr 2020. Der umweltpolitische Sprecher der SPD im Bundestag, Michael Müller, resümiert deshalb: »Es gibt unübersehbar einen krassen Widerspruch zwischen den großen, auch international gemachten Ankündigungen der Bundesregierung zur Klimaschutzpolitik in Deutschland und der Realität.«

Warum das so ist, recherchierten die beiden Hannoveraner Umweltwissenschaftler Carsten Krebs und Danyel T. Reiche: Zu einem »Geheimgespräch« hätte sich im August 1995 die »Ludwigshafener Bande« getroffen: Bundeskanzler Helmut Kohl, BDI-Chef (und Umweltmanager des Jahres 1992) Hans-Olaf Henkel und Friedrich Strube, Vorstandsvorsitzender von BASF, die in

Kohls Wahlkreis residiert und allein für 1,5 Prozent des deutschen Stromverbrauchs verantwortlich ist. Per Handschlag, so haben die beiden kolportiert, soll der Bundeskanzler den Industrievertretern versprochen haben, das Projekt der Ökologischen Steuerreform zu beerdigen.

Schon einige Monate vorher hatte der BDI erklärt: »Auf freiwilliger Basis ist die deutsche Wirtschaft bereit, besondere Anstrengungen zu unternehmen, ihre spezifischen CO_2-Emissionen bzw. den spezifischen Energieverbrauch bis zum Jahr 2005 um bis zu 20 Prozent zu verringern.« Dafür verpflichtete sich die Regierung, »ordnungsrechtliche Maßnahmen zur Klimavorsorge einstweilen zurückzustellen und entsprechend der Koalitionsvereinbarung der Privatinitiative Vorrang zu geben«. Dabei hatte es in einer Koalitionsvereinbarung, getroffen nach der Bundestagswahl 1994, noch geheißen, eine kombinierte CO_2-/Energiesteuer sei »dringend notwendig«. Wolfgang Schäuble, der die Idee befürwortete, »schäumte«, so Krebs und Reiche, als er von der Absprache des Kanzlers mit den Industrievertretern erfuhr. Aber von diesem Tag an hieß es unter CDU-Abgeordneten, lediglich eine aufkommens- und wettbewerbsneutrale CO_2-Steuer im europäischen Rahmen sei denkbar.

Diese Position galt in der Union auch dann noch, als einige Grünen-Abgeordnete im Frühjahr 1998 eine Diskussion über Energiesteuern anzettelten. Doch nicht nur die Union war gespalten, auch bei den Sozialdemokraten zeigten sich deutliche Risse. Gerhard Schröder nannte die Grünen wegen ihres unbedachten Vorpreschens »nicht regierungsfähig«. An der Umweltfront, das mußten damals SPD-Abgeordnete wie Michael Müller erkennen, wird sich wohl auch mit Gerhard Schröder nichts ändern – jedenfalls nicht auf seine Initiative hin.

»Umweltschutz hemmt die Wirtschaft.« Nicht BDI-Chef Hans-Olaf Henkel hatte das schon im Juni 1997 unmißverständlich formuliert, sondern der Sozialdemokrat Gerhard Schröder im Landtag zu Hannover. Daß Umweltschutz Arbeitsplätze schaffe, sei »nicht mal ein Mythos, sondern ganz falsch«. Die Umweltpolitik unterliege derzeit einem »administrativen Overkill«.

Weil Schröders damalige Umweltministerin Monika Griefahn das nicht hinnehmen wollte, schrieb sie Schröder einen Brief. Inzwischen seien, so Griefahn, im Umweltschutz genauso viele Menschen tätig wie im Straßenfahrzeugbau, nämlich 956 000. Man dürfe »nicht immer nur das Lamentieren der Industrie darstellen«, schrieb sie und bat den Ministerpräsidenten um ein Gespräch. Schröder sah dazu keinen Anlaß. Nachdem der Brief an die Öffentlichkeit gelangt war, kam es zu einer aktuellen Stunde im Landtag. Schröder ließ wissen, er arbeite mit seiner ganzen Kraft an der »praktischen Versöhnung von Ökonomie und Ökologie«. Wenige Tage später erklärte eine resignierte Monika Griefahn, sie wolle dem nächsten Kabinett Schröder nicht mehr angehören, sondern sich um ein Bundestagsmandat bewerben.

Die Versöhnung von Ökologie und Ökonomie hat sich Gerhard Schröder auf seine Art zurechtgelegt, und er unterscheidet sich darin kaum von seinem Vorgänger:

Er erklärte sie für vollzogen. Und verweist auf erfolgreiche Projekte in seinem Bundesland. Hatte er nicht dafür gesorgt, daß Daimler-Benz seine Teststrecke bekommt, dafür aber auf 580 Hektar Moorfläche auf dem Baugelände für den Artenschutz zu sorgen hat? Wenn das kein Beitrag zum Umweltschutz war. Auch als Statoil, ein norwegischer Energiekonzern, eine Erdgaspipeline durchs Wattenmeer legen wollte, um die Ruhrgas AG mit Energie zu versorgen, waren Umweltschützer dagegen. Schröder regte an, die dicke Leitung unterirdisch voranzutreiben, damit das Watt nicht aufgerissen werden muß. Das Projekt wurde durchgezogen.

Das ist typische praktische Umweltpolitik aus dem Hause Schröder. Statt von den Grenzen des Wachstums sprach er zuletzt lieber von den Grenzen der Ökologie. Ganz anders als Oskar Lafontaine sieht Gerhard Schröder noch immer den Umweltschutz als Hemmnis der Wirtschaft. Er setzt in erster Linie auf eine Politik, die wirtschaftliche Kompetenz zeigen soll, die ökologische schob er den Grünen zu.

Von Schröder sind grundsätzliche Änderungen in der staatlichen Umweltpolitik mithin nicht zu erwarten – allenfalls in eine entgegengesetzte, die deregulierende Richtung. Ihn stören die gigantischen Apparate und die »immer tiefer in das gesellschaftliche Leben eingreifenden Regelungskataloge«, mit denen die Umwelt geschützt, geheilt und bewahrt werden soll. Zwar habe dies alles in der Vergangenheit Erfolge gebracht, aber heute seien die »Nebenwirkungen« unübersehbar. Aufwand, Zeit, Personal und Kosten stünden in keinem Verhältnis mehr zum Ertrag. Das Geld, das derzeit zur

Reduzierung des CO_2-Ausstoßes in der Bundesrepublik ausgegeben werde, könne »mit weitaus größerer Schutzwirkung im internationalen Zusammenhang eingesetzt werden«. Schröder nennt das ehrgeizige Energieprogramm Chinas, das auf Kohleverstromung aufbaut. Entscheidend sei, mit welcher Kraftwerkstechnologie dies geschehe: »Wenn es die herkömmliche ist, wird der CO_2-Ausstoß zur neuen extremen Klimabelastung. Schon wenn dort unsere neueste Technologie mit höheren Wirkungsgraden zum Einsatz käme, würde viel weniger Kohle eingesetzt werden müssen, um die gleiche Energiemenge zu erzeugen. Das würde genausoviel CO_2 vermeiden wie zur Zeit die gesamte Weltproduktion von Energie aus Windkraft.« Und es würde die Auftragsbücher der deutschen Produzenten füllen.
Nationale umweltpolitische Standards bei »weltmarktgängigen« Technologien nennt Schröder »überhöht«. Seine Meinung: »Symbolische Auseinandersetzungen ersetzen materielle Ergebnisse.« Staatliche Stellen könnten nicht alles substantiell kontrollieren, man könne nicht hinter jeden Traktor einen Polizisten stellen.
Manche Verwaltungsrichtlinien, klagt Schröder, verlangten aber genau dies. Etwa bei den Einleitungsvoraussetzungen für kommunale Kläranlagen: »Niemand, der zu Hause etwas in den Ausguß der Küchenspüle kippt, hat auch nur eine vage Ahnung davon, daß er wahrscheinlich in jedem dritten oder vierten Fall gegen diese Bestimmungen verstößt.« Die Unmöglichkeit staatlicher Kontrolle bedeute allerdings keine Absage an jegliche Kontrollen und Beschränkungen. Schröder plädiert für gesellschaftliche Kontrolle über den »öf-

fentlichen Diskurs, über Selbstverpflichtungen, über einen Konsens in Wertvorstellungen«. Schröder ist optimistisch, daß das »Prinzip Verantwortung« sich durchsetzen kann. Es sei besser, »mitunter mehr der Gesellschaft zu vertrauen als dem Staat«. Die Ziele des Umweltschutzes, sagte er immer wieder, dürften nicht dazu mißbraucht werden, bürokratische Hemmnisse aufzubauen. Obwohl der große Teil der SPD solchen Selbstverpflichtungen skeptisch gegenübersteht, hat inzwischen auch Oskar Lafontaine sie als »geeignetes Mittel« der Umweltpolitik anerkannt.
Die Ökologische Steuerreform gehört nicht zu Schröders Lieblingsideen. Bündnis 90/Die Grünen lieferten ihm im Frühjahr 1998 scheinbar auch noch den Beweis, daß mit den deutschen Autofahrern nicht zu spaßen ist. Die Grünen-Forderung nach einem Benzinpreis von fünf Mark wühlte die Republik auf. »Durch einen Spritpreis von fünf Mark pro Liter würde der Autofahrer durchschnittlich um ca. 4500 Mark (15 000 km Jahresfahrleistung, 9 Liter/100 km Verbrauch) jährlich zusätzlich belastet«, wetterte die CDU. »Viele könnten sich das Autofahren nicht mehr leisten. Auch die Transportkosten für alle Güter würden steigen.« Und mit dem folgenden sprachen die Konservativen Gerhard Schröder sicher aus dem Herzen: »In Deutschland hängt jeder sechste Arbeitsplatz von der Autoindustrie ab. Der Verlust von Hunderttausenden von Arbeitsplätzen in der Automobilindustrie wäre die Folge« – natürlich die Folge rot-grüner Verkehrspolitik.
Auf die Frage, wo der Benzinpreis nach vier Jahren Schröder-Regierung stehen werde, näher an zwei oder

an fünf Mark, antwortete der neue Kanzler der *Leipziger Volkszeitung*: »Näher bei zwei Mark. Auch das wird man dem Markt überlassen müssen, wie der Benzinpreis sich einpendelt.« Mit der SPD müsse niemand befürchten, daß auf der einen Seite die Automobilindustrie in Schwierigkeiten gebracht und auf der anderen Seite Autofahren zu einem Privileg sozial Bessergestellter werde.

»Fisch ohne Gräten.«
Juso-Vorsitzende Andrea Nahles
über Schröders Programm, 1998

Schröder war und blieb bei der Energiesteuer immer konservativ. Während Heide Simonis forderte: »Wir brauchen diese Energiesteuer«, lehnte Schröder sie schon 1995 konsequent ab; sie gehe zu Lasten der deutschen Industrie, insbesondere der Automobilindustrie. Und da ist mit Schröder nicht zu spaßen. Daß dies alles von der Partei beschlossen worden war, scherte den damaligen wirtschaftspolitischen Sprecher der SPD nicht. Er argumentierte weiter dagegen. Eckart Kuhlwein, einer der führenden Mitglieder des linken Frankfurter Kreises, forderte ein Ende der »Extratouren« Schröders. »Hält er sich weiter nicht an Parteitagsbeschlüsse, müssen wir uns einen neuen wirtschaftspolitischen Sprecher suchen. So einfach ist das.«

Die Ökologische Steuerreform steht bis heute im Programm der SPD. Denn: »Umweltschutz soll sich auszahlen, Umweltzerstörung darf sich nicht lohnen.« Die Idee ist schon mehr als 70 Jahre alt. Der englische Wirtschaftswissenschaftler Arthur Cecil Pigou hatte bereits in den zwanziger Jahren für die Umweltbelastung durch Produktion und Verbrauch und die damit einhergehende Belastung Dritter das Verursacherprinzip eingeklagt. Inzwischen haben selbst radikale Umweltgruppen sich mit der Idee angefreundet, die Einnahmen aus der Umweltsteuer zur Reduzierung der Lohnnebenkosten einzusetzen. Damit soll Arbeit entlastet, Energieverbrauch belastet werden, ohne für die Unternehmen zusätzliche Kosten zu erzeugen. Um auch die energieintensiven Industrien einzubinden, will der Förderverein Ökologische Steuerreform (FÖS e. V.) um Ernst-Ulrich von Weizsäcker und den ehemaligen BASF-Manager Henner Ehringhaus energieintensive Unternehmen für eine Übergangszeit von der Besteuerung ausgenommen wissen, um ihnen Gelegenheit zur Umstellung zu geben. Mit solch einem Kompromiß soll der Gefahr entgegengetreten werden, daß diese Betriebe ihre Produktion ins Ausland verlagern. Man sehe, heißt es in einem Positionspapier, »das Einsparungspotential in erster Linie im Verkehr und in den Haushalten«. Ein weitgehendes Zugeständnis, das auf einen Konsens abzielt – ansonsten eines der Lieblingsschlagworte des neuen Kanzlers.

Der FÖS rechnet nach sechs Jahren mit einer zusätzlichen Einnahme von 50 Milliarden Mark, mit dem sozialversicherungsbedingte Lohnnebenkosten sowie wettbewerbs- und anreizschädliche direkte Steuern gesenkt und Energiesparmaßnahmen in privaten Haushalten gefördert werden sollen. Der FÖS glaubt, daß die

Industrie diesen Vorschlägen nicht widersprechen könne, »da sie nicht nennenswert belastet, statt dessen über sinkende Lohnnebenkosten und/oder direkte Steuern sogar entlastet wird«. Wegen der Kompromisse bezüglich der Besteuerung der Industrie würden zwar die ökologischen Organisationen nicht voll zufrieden sein, den Vorschlag aber »als Einstieg in eine Ökologisierung des Steuersystems gleichwohl kaum ablehnen können«. Auch der DIW nannte eine Ökologische Steuerreform 1994 »ökologisch und wirtschaftlich sinnvoll sowie politisch durchaus vermittelbar«. Eine Beeinträchtigung der Wettbewerbsfähigkeit der deutschen Wirtschaft sei »nicht zu befürchten«. Die Einsparung treffe vor allem »relativ immobile Sektoren« der Wirtschaft und die Haushalte. Selbst das Finanzwissenschaftliche Forschungsinstitut der Universität Köln kam in seiner Studie, die es im Auftrag des BDI unternahm, zu dem Ergebnis: »Wird das Aufkommen neuer Ökosteuern zur Senkung der Sozialabgaben verwendet, sind ... auch die erhofften positiven Impulse für die gesamtwirtschaftliche Zielerreichung und den Arbeitsmarkt denkbar.«
Der »Automann« Schröder dagegen ahnt Gefahren und sagt: »Wir dürfen das Produkt Auto nicht kaputtquatschen, dies wäre das Dümmste, was wir unter dem Gesichtspunkt der Arbeitsplätze tun könnten.« Mit dem BDI sorgt sich Schröder um die Wettbewerbsfähigkeit der wichtigsten deutschen Industriesegmente. Zwar entstehen für die Wirtschaft insgesamt unter dem Strich keine zusätzlichen Kosten, aber bei der Betrachtung einzelner Branchen würde es Gewinner und Verlierer geben. So etwa die Eisen- und Stahlindustrie, die chemi-

sche Industrie, die Branche Steine, Erden, Baustoffe sowie die Wasserwirtschaft. Nicht ganz zu Unrecht erklärt der BDI: »Die Stahlindustrie oder die Chemie würden die Entlastungen bei den Lohnzusatzkosten der arbeitsintensiven Banken und Versicherungen, der Bahn und der Postdienste zahlen.« Die Stahlindustrie würde nach BDI-Berechnungen bei der Umsetzung eines DIW-Modells im fünften Jahr knapp 2,9 Milliarden Mark zusätzliche Energiekosten tragen müssen, dagegen bei der Sozialversicherung mit 400 Millionen Mark entlastet werden. Netto wäre das eine Belastung von 2,5 Milliarden Mark. Jede Tonne Walzstahl würde sich damit um 70 Mark verteuern, im zehnten Jahr um 169, im zwanzigsten Jahr um 300 Mark. Eine Tonne Zement würde mit einer wachsenden Energiesteuer um mehr als 50 Prozent teurer, eine Tonne Papier um 154 Mark. »Im internationalen Wettbewerb ist eine solche Preisanhebung nicht durchzusetzen.« Die Wirtschaft mit Umweltsteuern zu lenken, warnt der BDI, »führt zu einem ökonomisch kostspieligen Einstieg in die ökologische Planwirtschaft«. Planwirtschaft aber, da haben die Deutschen Erfahrung, ist Rückschritt.

Das SPD-Wahlprogramm hingegen verspricht sich gerade von einer Ökologischen Steuerreform einen neuen Schub für die Wirtschaft: »Wir wollen, daß die deutsche Wirtschaft beim Export von Ideen, Dienstleistungen und High-Tech-Produkten für Umweltschutz und Energieeinsparung weltweit den ersten Platz erreicht. Wir wollen die Brücke ins Solarzeitalter bauen. Wir wollen, daß die deutsche Autoindustrie mit Drei-Liter-Autos die Zukunftsmärkte erobert.« Erkennbar ist Umweltschutz nicht die erste Triebfeder für die Entwicklung des Drei-Liter-Autos. Es geht um die Eroberung von Zukunftsmärkten, die wegen der zwangsläufigen Verteuerung von Treibstoff lukrativ werden. Schröder sprach von »wettbewerbsfähigen und ökologisch verträglichen Verfahren und Produkten« – man beachte die Reihenfolge. Die Effizienzrevolution wird wohl wie zuvor durch mehr Konsum aufgefressen, wenn Autofahren wegen des günstigen Verbrauchs und der günstigen Benzinpreise sogar billiger wird. Denn unter den Zwängen des Standortwettbewerbs schielt auch die SPD immer auf die deutschen Unternehmen. Um denen nicht zuviel zuzumuten, bremst das Programm allzu grüne Erwartungen: »Überzogene und untragbare Belastungen wird es mit der SPD nicht geben.« Im internationalen Wettbewerb stehende Unternehmen sollen von der Ökosteuer unbelastet bleiben. Doch welche Unternehmen stehen heute nicht im internationalen Wettbewerb? Solche Einschränkungen sind im Vergleich zu früheren, wesentlich radikaleren Forderungen der Partei deutliche Zugeständnisse an ihren wirtschaftsnahen Kanzler.

Das gilt auch für den Ausstieg aus der Atomenergie, der nun »so schnell wie möglich« durchgesetzt werden soll. Da, so sieht es aus, hat sich die Position Gerhard Schröders durchgesetzt. Im Tschernobyljahr 1986 noch versprach er in Niedersachsen den Ausstieg aus der Kernenergie, wie es ein von ihm initiierter Parteitagsbeschluß binnen zehn Jahren vorsah. »Wir werden von uns aus alles tun, damit innerhalb des Zeitraums von zehn Jahren eine Energieversorgung ohne Atomkraft für die Bundesrepublik Deutschland verwirklicht wird.«

Statt den »geordneten Rückzug« zu forcieren, trat Schröder bei den Energiekonsensgesprächen der Jahre 1993 und 1995 als SPD-Verhandlungsführer jedoch für den Bau neuer Reaktoren ein. Jedenfalls habe die SPD, so das verklausulierte Ergebnis nach zwei Jahren Verhandlungen, »eine KKW-Neubau-Option ausübbar zu halten«.
Nicht nur die Grünen, die inzwischen von den Gesprächen ausgeschlossen worden waren, sondern auch Oskar Lafontaine und Rudolf Scharping wollten das nicht mittragen. Der Kompromiß sei mit dem Parteitagsbeschluß nicht vereinbar. »Der Verzicht auf die Kernenergie«, so Scharping, »darf nicht mit dem Wiedereinstieg verbunden werden.« Schröder aber hielt an seiner Version vom »Einstieg in den Ausstieg« fest.
Bei einem Vortrag im Institut für Philosophie der Freien Universität Berlin erläuterte er auf überraschende Weise, warum Deutschland noch nicht aussteigen könne. »Entgegen dem, was man mir unterstellt, bin auch ich für den Ausstieg aus dieser Form der Energieerzeugung«, stellte Schröder im Frühsommer 1997 klar. Allerdings trieben ihn unter dem Aspekt »Zukunftsverantwortung« ein paar Aspekte um, weshalb er nicht mehr so sicher sei, ob alte Antworten noch stimmten. Wenn Deutschland heute aussteige, steige man aus ökonomischen Gründen auch aus der Entwicklung, insbesondere bei der Sicherheitsforschung aus. Daraus erwachse das Risiko, daß in Entwicklungsländern Kernkraftwerke auf mittlerem technischen Niveau gebaut und betrieben würden. Dies indes sei »gar nicht politisch wünschenswert«.

Gleichzeitig dürfe man aber die Forschung und Entwicklung von regenerativen Energien nicht mehr im bisherigen Schneckentempo vorantreiben. Schließlich seien die fossilen Energiereserven in 50 bis 100 Jahren aufgebraucht. Aber, fragte er Studenten und Professoren: »Könnten Sie sich vorstellen, daß man ein VW-Werk, eine hochtechnische Produktion also, immer dann herunterfährt, wenn der Wind gerade nicht weht oder die Sonne nicht scheint oder umgekehrt?« Geringe Leistungsdichte und Verfügbarkeit seien zwar durch technischen Fortschritt zu lösen. Bis dahin aber solle man bei der Kernenergie lieber »erst die Chancen debattieren, dann die Risiken«. Ohnehin sei klar, daß in Deutschland »die nächste Kraftwerksgeneration, also die von ca. 2010 bis 2050 zu bauende, aus ökonomischen Gründen in Deutschland keine kernkraftbetriebene mehr sein werde. Deutschland steigt also aus der Kernkraft aus, schon allein aus wirtschaftlichen Erwägungen – ob mit oder ohne politische Mitwirkung.«
Immerhin wollen die Sozialdemokraten und ihr Kanzler die erneuerbaren Energien zu einem »Eckpfeiler der Energieversorgung« machen. Dazu soll der Anteil der regenerativen Energien an der gesamten Energieversorgung schrittweise erhöht werden, indem den Produzenten faire Einspeiseregelungen zugesichert werden. Die industrielle Massenfertigung für moderne Solartechnologien soll durch ein 100 000-Dächer-Programm beschleunigt werden. Gleichzeitig soll eine »Effizienzrevolution« bei der Nutzung konventioneller Energien durch Einsatz neuer Technologien und durch Kraft-Wärme-Kopplung erreicht werden.

»Nicht für die große Bühne reicht es
bei Gerhard Schröder,
sondern nur zum Komparsen beim
alljährlichen Sommertheater.
Ein tragischer Fall.«

die tageszeitung, 1995

Wie die natürlichen Ressourcen um den »Faktor vier« besser genutzt werden können, der Wohlstand mit dem halben Naturverbrauch verdoppelbar wäre, haben die Forscher des »Wuppertal Instituts für Klima, Umwelt, Energie« beschrieben. Nur so viel: 93 Prozent der verkauften und verbrauchten Ressourcen werden niemals in verkäufliche Produkte umgewandelt, 80 Prozent aller Produkte nach einmaliger Benutzung weggeworfen. 99 Prozent aller in der Produktion verwendeten und im Produkt enthaltenen Stoffe werden innerhalb von sechs Wochen zu Müll!
Der Publizist Franz Alt ist davon überzeugt, daß Innovationen im alternativen Bereich sich bezahlt machen: »Diejenigen Industrienationen, die als erste begreifen, daß die Energiegewinnung aus Sonne, Wind, Wasser und Biomasse im 21. Jahrhundert wirtschaftlich mindestens so wichtig wird wie die Automobilproduktion im 20. Jahrhundert, machen ihre Geschäfte mit der ganzen Welt, haben keine Sorgen um Arbeitsplätze, sichern ihre nationalen Standorte und helfen der Natur. Wer wird erster sein?« Schröder hat er damit sicher nicht aus der Seele gesprochen, auch wenn der nichts gegen Innovationen hat. Die aber bitte an der richtigen Stelle.

Schröder und die Steuern

Was sie in 16 Jahren als Regierungspartei nicht geschafft hatte, versprach die CDU im Wahlkampf: »Die Union wird ... sofort nach der Bundestagswahl die große Steuerreform – solide gegenfinanziert – nach dem Petersberger Modell verwirklichen.« Die Einkommensteuersätze sollten sich in der Bandbreite von 15 bis 39 Prozent bewegen, für gewerblich erzielte Einkommen bei maximal 35 Prozent. Die SPD habe demgegenüber »außer Wirrwarr nichts anzubieten«. Der Chef des Bundeskanzleramts, Bundesminister Friedrich Bohl, wetterte: »In der SPD herrscht ein heilloses steuerpolitisches Chaos. Die SPD-Führung ist unfähig, eine einheitliche steuerpolitische Linie zu formulieren.«

Auch Arbeitgeberpräsident Dieter Hundt hat der SPD Gerhard Schröders das Fehlen eines steuerpolitischen Konzepts vorgeworfen. Dem *Tagesspiegel* sagte Hundt, die Sozialdemokraten planten zwar eine Steuerreform, wollten aber nichts verändern. Manche wollten den Spitzensteuersatz nicht einmal auf 49 Prozent senken. Dagegen könne sich der frühere nordrhein-westfälische Wirtschaftsminister (und heutige Ministerpräsident) Wolfgang Clement von der SPD sogar 43 Prozent vorstellen. Hundt wörtlich: »Das ist doch kein Konzept.«

Nur Steuersätze herunterzufahren ist auch keines. Gerhard Schröder, der mit der SPD für Anfang 1999 eine große Steuerreform angekündigt hat, benannte im Gegensatz zu seinen Kritikern eindeutige Ziele – und Grenzen. Wegen der wohl begrenzten finanziellen Spielräume müsse die Steuersenkung dort konzentriert werden, wo der größte Entlastungsbedarf besteht: bei den Arbeitnehmern und Familien, und zwar zuerst bei den unteren Qualifikations- und Einkommensgruppen. »Steuersenkungen für die große Mehrheit der Bevölkerung, das ist ein Gebot der wirtschaftlichen Vernunft und der sozialen Gerechtigkeit.« Damit soll die Binnenkonjunktur gestärkt werden. Der Eingangssteuersatz soll schrittweise von zur Zeit 25,9 Prozent auf 15 Prozent sinken. Erste Stufe: 21,9 Prozent. Teile der sozialen Sicherung sollen über Steuern finanziert werden.

Daß Schröder die »kleinen Leute« entlasten will, ist richtig und wäre nur eine Korrektur jahrelanger Umschichtungen nach »oben«. Von 1980 bis 1994 sank die durchschnittliche Steuerbelastung aller Unternehmen von 33,6 auf 18,3 Prozent. Die Belastung der Lohn- und Gehaltsempfänger stieg von 28,3 auf 31,1 Prozent. Theo Waigel, errechnete der frühere Sozialminister Herbert Ehrenberg, kassierte von Unternehmen und Vermögensbesitzern 1996 neun Milliarden Mark weniger an Steuern als vier Jahre zuvor, von den Arbeitnehmern dagegen fast 50 Milliarden mehr Lohn- und Einkommensteuer, von den Verbrauchern 28 Milliarden mehr Umsatzsteuer.

Auch der Spitzensteuersatz soll runter, gleichzeitig will die SPD ungerechtfertigte Steuervergünstigungen beseitigen. Schröder betonte: »Aber klar ist: Je deutlicher wir Steuervergünstigungen abbauen, desto stärker können wir auch an den Spitzensteuersatz ran. So herum geht das, nicht andersherum.« So will die SPD für die Zukunft ändern, daß Spekulanten möglich ist, »zwar laufende Verluste von der Steuer voll absetzen zu können, einen späteren Veräußerungsgewinn aber nur zur Hälfte versteuern zu müssen«. Wenigstens eine Mindestbesteuerung soll dafür sorgen, daß sich gutverdienende Abschreibungskünstler nicht wie bisher der Besteuerung entziehen können. Auch soll vermieden werden, daß Wertminderungen im Unternehmen auch dann noch steuerlich geltend gemacht werden können, wenn der Grund für die Wertminderung zwischenzeitlich weggefallen ist. Außerdem will die SPD Steuerhinterziehung konsequenter verfolgen.

In Leipzig sagte Schröder aber auch: »Wenn wir wollen, daß hier investiert wird, dann darf der Staat nicht die Hälfte des Einkommens kassieren. Auch dann nicht, wenn es hoch ist.« Die Rede ist von 49 Prozent, bei mehr Spielraum soll auf 45 Prozent heruntergeschraubt werden. Für eine vierköpfige Familie versprach die SPD eine Entlastung um 2500 Mark pro Jahr. Im europäischen Vergleich lägen die Deutschen dann wieder ziemlich günstig. Belgier, Holländer, Dänen und Franzosen zahlen schon heute mehr, nur die Schweizer Spitzenverdiener (42 Prozent) und die Briten (bis zu 40 Prozent) kommen günstiger weg. Auch das Kindergeld will die SPD erhöhen, um 30 auf 250 Mark für das erste und zweite Kind. Als Ministerpräsident hatte Gerhard Schröder das einmal abgelehnt. Das sei nicht zu finanzieren.

Auf Unternehmerseite wollte Schröder die reinvestierten Gewinne entlasten – nach der Abschaffung der Gewerbekapitalsteuer, der Kürzung bei der Körperschaftsteuer (die Absenkung von 56 auf 45 Prozent kostete den Finanzminister 29 Milliarden Mark; während die

Körperschaftsteuer 1980 noch 5,8 Prozent des gesamten Steueraufkommens ausmachte, deckte sie 1995 nur noch 2,2 Prozent ab) und der Entlastung beim Solidaritätszuschlag im Wahljahr.

»35 Prozent betrieblicher Steuersatz für alle Unternehmen ist das Ziel«, verkündete Schröder. Im Gegenzug sollten Steuerschlupflöcher geschlossen werden. Was die Höhe der Unternehmensteuern anbelangt, so gebe es eine »Wahrnehmungslücke«. Bei der Erläuterung seiner Eckpunkte eines wirtschaftspolitischen Reformkonzepts bei der Friedrich-Ebert-Stiftung sagte er, so hoch wie immer behauptet sei die Steuerbelastung in Deutschland im internationalen Vergleich keineswegs.

Das bestätigte auch der Parlamentarische Staatssekretär im Finanzministerium, Hansgeorg Hauser, dessen »Chef« stets das Gegenteil behauptet hatte. In einem Brief an den Bundesverband mittelständische Wirtschaft schrieb er: »Ab 1994 gelten die niedrigsten Ertragsteuersätze seit Bestehen der Bundesrepublik Deutschland. Damit bestehen für kleinere und mittlere Unternehmen auch unter Berücksichtigung des ab 1995 erhobenen Solidaritätszuschlags günstige Rahmenbedingungen.«

Die Einkommen aus Unternehmertätigkeit werden in Deutschland erheblich weniger besteuert als solche aus abhängiger Beschäftigung. Horst Afheldt nannte folgende Zahlen: 1950 durfte ein Unternehmer von 100 Mark 81 behalten, in den sechziger und siebziger Jahren sank diese sogenannte Nettoquote zwischendurch bis auf 75 Prozent, um 1981 wieder auf 81 und 1990 sogar auf 86 Prozent anzuwachsen. Den Arbeitnehmern zog der Staat dagegen 1991 genau 32,50 Mark aus der Tasche – von jedem Hunderter. Nach Betrachtung all dieser Zahlen resümierte auch das *Handelsblatt*: »Die Zahlen … rechtfertigen nicht die deutsche Steuerstaat-Psychose.«

Gerhard Schröder will dennoch allen Gruppen Erleichterungen bringen. Erst einmal steht allerdings ein Kassensturz an. Auf dem Parteitag in Hannover sagte er bereits ahnungsvoll: »Unser Land wird mit bräsiger Selbstzufriedenheit unter Niveau regiert. Allen graut vor dem Kassensturz – die Erblast wird schrecklich sein.«

Den Hinweis auf die maroden Finanzen der Regierung Kohl konterte die CDU gern mit dem Hinweis auf Schröders Schuldenberg in Niedersachsen. Der sei trotz der Kürzungen bis 1997 angewachsen: »Aus 37 Milliarden DM 1990 werden es in diesem Jahr rund 65 Milliarden DM – und damit fast 60 Prozent mehr – sein«, rechnete die CDU vor. »Insgesamt erhöhte sich die Verschuldung der Länder in den alten Bundesländern von 326 Milliarden DM im Jahr 1990 um mehr als 40 Prozent auf 469 Milliarden DM im Jahr 1996.«

Neben diesen Tatsachen bleibt wahr: Was nicht da ist, kann nicht ausgegeben werden. In Leipzig benannte Schröder die Konsequenzen, falls sich beim Kassensturz in Bonn die schlimmsten Befürchtungen bewahrheiten sollten: »In unserem Wahlprogramm ist deshalb ein Vorbehalt formuliert. Wir haben ihn ›Finanzierungsvorbehalt‹ genannt. Das gebietet die Ehrlichkeit. Aber keine Mißverständnisse: Was wir im Wahlprogramm versprochen haben, ist realistisch und durchgerechnet.«

»Einen Pudding an die Wand zu nageln ist schwierig.«

Wolfgang Schäuble, CDU/CSU-Fraktionsvorsitzender 1998

Bei seinen Plänen für eine Steuerreform findet Schröder, der sich in seiner Wirtschaftspolitik gern an Handwerk und Mittelstand orientiert, dort durchaus Unterstützung – sogar für die Forcierung einer Ökologischen Steuerreform. Einen fortschrittlichen Vorschlag hat denn auch der Bundesverband mittelständische Wirtschaft zu bieten. »Wir fördern Unternehmensziele«, wirbt der Verband. Zugleich vergißt er dabei nicht, daß Unternehmen auch eine soziale Verantwortung haben und eine für Natur und Umwelt.
Die »Steuerrevolution« der Mittelständler nannte sieben Thesen:

- Kritische Durchforstung staatlicher Aufgaben, Leistungen und Subventionen.
- Konsequente Verminderung der Steuer- und Abgabenlasten um ein Prozent jährlich (zehn Jahre lang) und gleichzeitige Senkung der staatlichen Ausgabenquote, die von 31 Prozent des Bruttoinlandsprodukts im Jahr 1950 auf mehr als 50 Prozent im Jahr 1994 angestiegen ist.
- Steuerbefreiung von Innovations- und Investitionstätigkeit sowie der Eigenkapitalbildung kleinerer und mittlerer Unternehmen.
- Gesicherte Finanzierung der Kommunen durch Ersatz für den Wegfall von Vermögen- und Gewerbe-

steuer zur Sicherung der Infrastruktur sowie eines Sozialminimums für jeden Bürger.

- Radikale Vereinfachung des Steuersystems, wenige Steuern mit wenigen Ausnahmen und Beseitigung klientelorientierter Ausnahmen.
- Drei Basissteuern auf Naturverbrauch/Material-/Energiekonsum, auf Arbeit/Lohn und auf Kapital/Zinsen/Ererbtes/Schenkungen; zugleich Wegfall von Bagatellsteuern, aber auch der Vermögen- und Gewerbekapitalsteuer.
- Ein »Fitneß-Programm des betrieblichen Managements« sieht außerdem den Abbau von Bürokratie sowie die Beteiligung von Mitarbeitern am Produktivvermögen (Mitarbeiteraktien u. a.) vor. Durch Umlage der Steuern auf Naturverbrauch, mehr private Vorsorge, eine Mindestsozialrente und ein Ende der Frührente sollen die Lohnnebenkosten um wenigstens die Hälfte gesenkt werden.

Der BDI lehnte das Modell als »ungeeignet« und »kontraproduktiv« ab. Gerhard Schröder könnte daran erkennen, daß nicht die Wirtschaft als gesamte sich gegen eine vernünftige Steuerreform wehrt, sondern nur Teile des deutschen Unternehmertums, die im Chef des BDI, Hans-Olaf Henkel, personifiziert sind.

Schröder und die Gerechtigkeit

Der amerikanische Philosoph John Rawls galt als Sozialdemokrat, weil er in seiner »Theorie der Gerechtigkeit« eine überzeugende Antwort auf die Frage gefunden hatte, wie die Erträge der Gesellschaft verteilt werden sollen. An den Beginn seiner Abhandlung setzte Rawls einen programmatischen Satz: »Die Gerechtigkeit ist die erste Tugend sozialer Institutionen, so wie die Wahrheit bei Gedankensystemen.« Zwei Grundsätze der Gerechtigkeit hatte er formuliert: Jedermann müsse »gleiche Rechte auf das umfangreiche System aller Grundfreiheiten haben, das mit dem gleichen System für alle anderen verträglich ist«, zweitens seien soziale und wirtschaftliche Ungleichheiten so zu gestalten, »daß (a) vernünftigerweise zu erwarten ist, daß sie zu jedermanns Vorteil dienen, und (b) sie mit Positionen und Ämtern verbunden sind, die jedem offenstehen«. Ungleichheiten sind nach Rawls nur dann gerechtfertigt, wenn sie die Aussichten der am wenigsten begünstigten oder am meisten benachteiligten Menschen oder sozialen Gruppen verbessern.

Gerhard Schröder hat heute andere Lehrmeister. Wenn er davon spricht, es müsse gerecht zugehen in Deutschland, dann kann niemand wissen, was Schröder gerecht nennt. Auch das alte sozialdemokratische Wort »Solidarität« benutzt Schröder vergleichsweise selten, in seiner Leipziger Rede beispielsweise nur einmal – im Zusammenhang mit den Leiden der Existenzgründer, die bei Banken kein Geld für ihre Innovationen fänden.

Der Pragmatiker und Realist Schröder hat sich den Zwängen der Globalisierung gebeugt. Klar, die politischen Grundüberzeugungen bleiben: »Erhaltung der Demokratie, im weitesten Sinne soziale Gerechtigkeit und Frieden unter den Völkern, aber auch mit der

Natur«, so Schröder gegenüber der *Hamburger Morgenpost.* Warum er »im weitesten Sinne soziale Gerechtigkeit« anstrebe? »Weil das keine feststehende Größe ist, sondern immer neu definiert werden muß. Die ökonomische Basis für den Sozialstaat hat sich ja dramatisch verändert. Und gelegentlich habe ich den Eindruck, daß wir diese Veränderung noch nicht richtig begriffen haben.«

Sein Parteivorsitzender Oskar Lafontaine dagegen will Dämme errichten gegen die Deregulierung, statt sich auf möglicherweise wirkungslose Selbstverpflichtungserklärungen zu verlassen. »Wir Sozialdemokraten wollen, daß die Politik wieder in ihr Recht gesetzt wird.« Lohndumping, Steuerdumping und Sozialdumping seien »nicht die Antworten, die wir auf die Globalisierung der Märkte geben können«.

Schröder will auch kein Amerika (jedenfalls nicht »das Schlechte von dort«), aber sosehr man ihm wirtschaftliche Kompetenz zumißt, sowenig möchte man ihm in Fragen der Gerechtigkeit trauen. Seine manchmal flapsige Art vermittelt auf diesem Gebiet den Eindruck, als wolle Schröder sagen: Es ist eben so, die Welt wird unsicherer. Jedenfalls für die einzelnen. Der Staat kann sich nicht mehr um jeden kümmern, mehr Eigeninitiative und -verantwortung verlangt der neue Kanzler. Werden die Bürger allein gelassen?

Die SPD glaubt, der sozialen Kälte der deregulierten Welt etwas entgegensetzen zu können. »Solidarität, Selbsthilfe und Gemeinsinn müssen sich in der Familie, in der Nachbarschaft, in der Gemeinde entfalten können«, hieß es bereits im Leitantrag »Innovationen für

Deutschland«. Die Bürgerinnen und Bürger müßten »befähigt und motiviert werden, Verantwortung für sich und das Gemeinwohl zu übernehmen und soziale Aufgaben auf freiwilliger Basis zu erfüllen«.

Die Individualisierung der neoliberalen Leistungsgesellschaft, die innerhalb der SPD gerade Gerhard Schröder am konsequentesten vorantreibt, soll also durch die Idee vom Kommunitarismus aufgefangen werden. Im Willy-Brandt-Haus, dem Tortenstück an Stresemann- und Wilhelmstraße zu Berlin, hat der amerikanische Kommunitarist Michael Walzer gesprochen – und die Genossen offenbar betört.

Die philosophischen Lehrmeister der Sozialdemokratie kommen heute zwar wie John Rawls aus den USA, aber sie haben sich an die neuen Zeiten angepaßt – wie Gerhard Schröder. Zusammengefaßt könnte man sagen, der Globalisierung wird im privaten Bereich eine Regionalisierung, mehr noch: eine Parochialisierung – die Gemeinde versammelt sich um die jeweilige Kirche – entgegengesetzt. Der Liberalismus der Gier und der rücksichtslosen Selbstbereicherung der Reagan-Jahre gebar in Übersee eine neue Moralphilosophie, die nun auch bei uns die Folgen einer eiskalten und unsozialen Wirtschaftspolitik, eines puren Egoismus und einer hemmungslosen Gewaltbereitschaft heilen soll. Alasdair MacIntyre, irischstämmiger Hochschullehrer an der Universität von Notre Dame, Indiana/USA, beschwor eine »Tradition der Tugenden« und befürwortet eine »Ablehnung der modernen politischen Ordnung«. Was heute zähle, sei »die Schaffung lokaler Formen von Gemeinschaft, in denen die Zivilisation und das intellektuelle und moralische Leben über das finstere Zeitalter hinaus aufrechterhalten werden können, das bereits über uns gekommen ist«.

Der Berkeley-Soziologe Robert N. Bellah predigte mit seinen Mitautoren gegen die »Armut des Wohlstands« und die »Tyrannei des Marktes«. »Eine Wirtschaftsideologie, die Menschen zu unablässigen Markt-Maximatoren verwandelt, unterminiert ihr Engagement in Familie, Kirche, Nachbarschaft und Schule und für die großen staatlichen und globalen Gesellschaften.« Statt an den alten sozialdemokratischen Begriff der Solidarität erinnerte Bellah an das Gemeinwohl. Statt sich zuallererst auf seine Rechte zu berufen, solle der Mensch wieder mehr an seine Pflichten erinnert werden. Auch persönliche Opfer werden im Gemeinwohlinteresse verlangt.

Der Begriff Gemeinwohl ist ins SPD-Wahlprogramm eingeflossen, nicht nur Gerhard Schröder erinnerte immer wieder daran, daß wir nicht nur Rechte, sondern auch Pflichten hätten. Chancengleichheit sei wichtig, aber: »Für mich ist es selbstverständlich, daß man das Seine tut, damit es vorangeht«, sagte er auf dem Parteitag Ende 1997 in Hannover. »Man darf von der Gesellschaft nicht nur nehmen, man muß ihr auch geben. Alles andere ist ein falsches Verständnis von Solidarität.«

Michael Walzer schließlich, Politologe an der Princeton University und Herausgeber der drei wichtigsten Blätter der kommunitarischen Diskussion, hat den Begriff der Gerechtigkeit uminterpretiert. Er kennt nicht mehr *eine* Gerechtigkeit, sondern mehrere. Ungleiches, so Walzer, sei nicht gleich, sondern ungleich zu behandeln. Sonst handle es sich lediglich um einfache statt »komplexe Gleichheit«. Gleichheit, wörtlich verstanden, sei »ein Ideal, das seinen Verrat vorprogrammiert«. Gerechtigkeit, wie sie etwa John Rawls diskutiert hatte, sei ein menschliches Konstrukt; und es stehe keineswegs fest, daß sie nur auf eine einzige Weise hergestellt werden könne. Gerhard Schröder würde genickt haben, hätte er Walzer gehört.

»Auf Dauer wird ein Politiker nicht erfolgreich sein, von dem man heute nicht weiß, wofür er morgen und erst recht übermorgen steht.«

Erhard Eppler, SPD-Politiker, 1996

Die Kommunitarier wollen eine neue Orientierung auf Gemeinschaft(en) und – zumindest die meisten – Religion. Ihre Feindbilder sind der Liberalismus und die Moderne sowie selbstverständlich der Marxismus als überlebtes System. Die Urzelle der Demokratie wird wieder im Lokalen gesucht, in Schule und Nachbarschaft. Den Kommunitariern erscheint heute ihre Theorie von Gemein- und Bürgersinn als »adäquater, ja sogar überlegener Ersatz für die theoretische Orientierung an Marx«.

Walzers Theorie beinhaltet auch die Forderung, daß, wer sich am Gemeindeleben nicht beteilige, auch keinen Nutzen daraus ziehen dürfe. Im Liberalismus sei es aber so: »Die Grenzen der je einzelnen Gruppe werden nicht überwacht, die Menschen kommen und gehen, oder sie entfremden sich von der Gruppe, ohne sich und den anderen jemals voll einzugestehen, daß sie sie verlassen haben.« Seine Folgerung: »Das ist der Grund, weshalb der Liberalismus mit Schnorrer- und Schmarotzer-Problemen zu kämpfen hat, d. h. mit Leuten, die die Vorteile von Zugehörigkeit und Identität auch dann noch genießen, wenn sie sich an den Aktivitäten, welche diese Vorteile produzieren, längst nicht mehr beteiligen. Im Gegensatz dazu ist der Kommunitarismus der Traum vom Ende allen Schnorrertums.«

Das erinnert daran, daß die SPD alles tun will, Arbeitslose und Sozialhilfeempfänger in Arbeit zu zwingen, obwohl angeblich gar keine da ist. Folglich muß Arbeit erfunden werden. Und es ist ja nicht so, daß es nicht genügend Arbeit gäbe. Vom Hundehaufenkehren bis zur Pflege öffentlicher Parks, von sozialen Diensten bis zum Umweltschutz – in zahlreichen Segmenten ist jede Menge Arbeit vorhanden, die nicht unbedingt von Angestellten des Staates bewältigt werden muß. Statt staatlicher Pflegedienste sollten Familie und Nachbarn wieder die Pflege alter Menschen übernehmen. Eine Vielzahl von Jobs ließe sich finden, die heute nicht bezahlbar sind, von freiwilligen oder ehrenamtlichen Helfern aber sehr wohl übernommen werden könnten.

Die SPD plädiert für mehr Selbsthilfegruppen und vielfältiges soziales Engagement. »Dort können gesellschaftliche Aufgaben oftmals schneller, besser und kostengünstiger gelöst werden.« Der Staat soll weitgehend nur Hilfe zur Selbsthilfe geben. »Wir wollen eine Wiederbelebung des Nachbarschaftsgedankens.« Ehrenamt und Freiwilligendienste sollen stärker anerkannt und gefördert werden. Hier könnten, so wird diskutiert, Aufgaben auch für Arbeitslose entstehen, und solche Arbeit für das Gemeinwesen könnte beispielsweise auf Rentenanwartszeiten angerechnet werden. Aber diese Diskussion ist auch in der SPD noch offen.

Mehr Engagement der Bürger aber hätte noch eine angenehme Begleiterscheinung: Die Verwaltung, der Staatsapparat, könnte endlich abgespeckt werden.

Schröder und die faulen Lehrer

Später hat er sich dafür entschuldigt. Aber da war das Wort schon durch die Blätter der Republik gegeistert. Einer Schülerzeitung hatte Gerhard Schröder im Sommer 1995 gesagt: »Also, Freunde, ihr wißt doch ganz genau, was das für faule Säcke sind.« Gemeint waren die Lehrer, und Schröder erklärte, es sei nicht einzusehen, warum Lehrer unbedingt Beamte sein müßten. Das Berufsbeamtentum einschränken will Gerhard Schröder noch heute, zumindest in Teilen. Das Berufsbeamtentum, steht im Wahlprogramm, sollte »auf den Kernbereich hoheitlicher Staatstätigkeit konzentriert werden. Dazu gehört insbesondere die Ausübung des staatlichen Gewaltmonopols durch Polizei und Justiz.« Insgesamt soll die Verwaltung verschlankt und die Besoldung an der Leistung orientiert werden. Beim Deutschen Beamtenbund hat er sich damit sicher nicht viele Freunde gemacht, aber wenn Schröder auf anderen Ge-

bieten, insbesondere in der Wirtschaft, der Deregulierung das Wort redet, warum sollte dann die Verwaltung außen vor bleiben? »Bürgerinnen und Bürger müssen zuallererst als Kunden behandelt werden und die öffentlichen Bediensteten sich als Dienstleister, nicht als Herren, verstehen.« Bei Menschen, die unter Willkür und Kaffeepausen in manchen Ämtern leiden, finden solche Initiativen sicher freudige Ohren.
Auch die Verwaltung, so kündigte Schröders wirtschaftspolitischer Diskussionskreis im Herbst 1997 an, soll unter Schröder modernisiert und reformiert werden. »Altes Denken im öffentlichen Dienst, übertriebene Dichte der Regulierungen und mangelnde Innovationsgeschwindigkeit sind Schwächen und Schattenseiten des Wirtschaftsstandortes Deutschland.«
Während erfolgreiche Unternehmen heute flache Hierarchien hätten und als »lernende Unternehmen« organisiert seien, sei im öffentlichen Bereich »alles beim alten geblieben«. Dies führe zu Reibungsverlusten und »einem signifikanten Auseinanderfallen der Produktivität zwischen gewerblicher Wirtschaft einerseits und Staat andererseits«. Schröder will die staatliche Bremse lockern, indem er auf die Selbstregulierungskräfte der Gesellschaft setzt und den Staat zurücknimmt.
Neue Gesetze sollen deshalb nach einer bestimmten Frist auf ihre Wirksamkeit und Notwendigkeit überprüft werden, schließlich, so Schröder, würden sie nicht für die Ewigkeit gemacht. »Wir haben in Niedersachsen gute Erfahrungen damit gemacht … Es ist nur vernünftig, auch Gesetze auf ihre Wirksamkeit und ihre tatsächlichen Auswirkungen zu überprüfen. Ich werde in mei-

ner Regierungserklärung anregen, da, wo es eben geht, neue Gesetze mit einer Überprüfungsfrist zu versehen. Das Parlament soll nach einem vernünftigen Zeitraum – auf der Basis von Gutachten unabhängiger Experten und sachkundiger Bürgerinnen und Bürger – ein Gesetz erneut zur Vorlage erhalten, um es zu korrigieren, zu bestätigen oder zu verwerfen.« Zumindest im Bundesbetrieb dürfte das allerdings eher zu einer Ausweitung der Bürokratie führen.

Als eines der größten Hemmnisse hatte auch Helmut Schmidt in einem Beitrag für die *Zeit* das überbordende Regelwerk für Unternehmer angegriffen. Schröder hat zahlreiche Statistiken parat, die er immer wieder benannte. 8000 Verordnungen und Vorschriften allein im Umweltschutz habe heute jedes kleine Unternehmen, jeder Handwerker neben den einschlägigen Gesetzen zu beachten. Für kleine und mittlere Unternehmen habe sich seit 1982 die Bürokratiebelastung verdoppelt. »Allein der Bund zeichnet heute für 1400 Gesetze, Verordnungen und Verwaltungsvorschriften nur im Umweltrecht verantwortlich, die ein einzelnes Unternehmen zu beachten hat.« Im Baurecht sei es ebenso: Das juristische Schriftwerk brauche hier dreimal soviel Platz im Regal wie das amerikanische. Und 95 Prozent der weltweit gedruckten Steuer-Fachliteratur erscheine in deutscher Sprache. Da lachen die Zuhörer, auch wenn es gar nicht zum Lachen ist.

»Die Menschen«, sagt Schröder, »wollen den Staat nicht vor der Nase haben, sie wollen ihn an ihrer Seite wissen.« Er will »den Staat dort zurücknehmen, wo die Selbstregulierungskräfte der Gesellschaft greifen«. Welche Aufgaben der Staat, welche Aufgaben Private übernehmen, solle »nach dem Grundsatz der Effizienz, Wirtschaftlichkeit und der gesellschaftlichen Akzeptanz entschieden werden«. Mehr Wettbewerb soll durchgesetzt werden. »Denn marktwirtschaftlicher Wettbewerb mobilisiert Rationalisierungsreserven, fördert Qualität und Kostenbewußtsein und erspart so für Bürger und Wirtschaft viel Geld.«

Weil staatliche Dienstleistungen künftig von weniger Menschen bereitgestellt werden sollen, werden auch die Bürger sich auf Konsequenzen einstellen müssen. Die benennt das Wahlprogramm: »Die Ansprüche an den Staat müssen zurückgenommen werden. Vieles, was wünschbar wäre, ist nicht mehr finanzierbar.« Was früher vom Staat eingefordert worden ist, soll nach dem Willen Schröders und der SPD künftig der private Bereich übernehmen.

Wenn es im Programm heißt, bei vielen Menschen wachse der Wunsch, ihre Angelegenheiten in eigener Verantwortung zu regeln, dann ist das allerdings nicht sehr zutreffend, sondern geradezu eine Irreführung. Vielmehr verursacht der Abbau staatlicher Fürsorge die Notwendigkeit, sich um seine Angelegenheiten selbst zu kümmern. Eine Freude ist das nicht, wenn der Staat sich aus der Verantwortung für die soziale Sicherheit seiner Bürger zurückzieht.

Als die Mauer zwischen den beiden deutschen Staaten gerade drei Jahre gefallen war, las die populäre brandenburgische SPD-Sozialministerin Regine Hildebrandt in einer kleinen Buchhandlung am Prenzlauer Berg zu Berlin. Damals, 1992, hieß die Straße, in der der Laden

lag, noch Dimitroffstraße. Hauptsächlich Frauen hörten zu. In der anschließenden Diskussion beklagten sie sich, wie schwer das Leben nach dem Mauerfall geworden sei, weil sie heute alles selbst erledigen müßten. Statt ihre Kinder in ein Gesundheitshaus bringen zu können, müßten sie heute ihren Arzt selbst wählen. Während ihnen der Staat früher jeden Impftermin ankündigte, müßten sie heute selbst daran denken. Dutzende solcher Themen stürzten über Regine Hildebrandt ein, und sie konnte die Frauen verstehen. Offenbar fühlten sich manche von ihnen, denen der Staat früher viele Entscheidungen abgenommen hatte, in diesen und zahlreichen weiteren Fragen überfordert. Sie hatten Freiheit gewonnen, mußten jetzt aber auch Verantwortung übernehmen. Sie mußten jetzt selbst entscheiden, ob ihre Babys gegen Keuchhusten geimpft werden sollen.
Also zurück zum fürsorglichen, wenn auch totalitären Staat? Das wollen Kommunitarier selbstverständlich nicht. Aber die Freiheit der heutigen Welt ist manchen Menschen offenbar zuviel. Gerhard Schröder würde dazu wahrscheinlich sagen, daß es keinen Sinn macht, sich an der Vergangenheit festzuhalten. Es werde höchste Zeit, daß diese Frauen dazulernen.

Schröder und die Sicherheit

Schröders Positionen zur inneren und äußeren Sicherheit tragen sichtbar die Anzeichen einer »Politik der Stärke«. Als Mitte der neunziger Jahre die Bosniaken, die bosnischen Muslime, die Welt um Hilfe baten, nutzte Verteidigungsminister Volker Rühe entschlossen die Chance, die deutsche Bundeswehr wieder international aufzuwerten.

»Schröders Popularität zehrt davon, daß er gezielt und sichtbar Politik an seiner Partei vorbei oder auch gegen sie betreibt, um seine Unabhängigkeit von engen Parteidogmen zur Schau zu stellen. Das kommt gut an und bringt hohe Sympathiewerte in der Bevölkerung.«

Franz Walter in:
Politische Vierteljahresschrift, 1995

Drei Faktoren kamen ihm dabei zugute: Die USA und andere Staaten verlangten von Deutschland, seine Weigerung, internationale Funktionen anzunehmen, aufzugeben; die deutsche Linke war angesichts der Berichte über »Konzentrationslager«, Vergewaltigungen und Massenmorde gespalten; und schließlich war auch die größte Oppositionspartei, die SPD, in dieser Frage tief verunsichert. Zwar hatte der Parteitag internationale Einsätze der Bundeswehr generell ausgeschlossen. Doch nicht alle Sozialdemokraten teilten diese Position. Gerhard Schröder wetterte, in der SPD würden Parteitagsbeschlüsse ernster genommen als die Fähigkeit, in den politischen Prozeß einzugreifen. Mehr als Friedens-

einsätze unter UN-Dach hatte Schröder zwar nicht befürwortet. Doch die Genossen blieben dabei: Die Bundeswehr hat im Ausland nichts zu suchen. Schröder spottete: »Wir nehmen es der Weltpolitik übel, daß sie sich nicht an Parteitagsbeschlüssen der SPD orientiert.« Heute hat die SPD ihre Position grundlegend verändert. »UN-Blauhelm-Einsätze sind unter den richtigen Rahmenbedingungen vor Ausbruch oder nach Beendigung von Kampfhandlungen ein erfolgreiches Instrument der Friedenssicherung. Wir wollen den Abschluß von Stand-by-Abkommen für reine Blauhelm-Missionen, damit die Vereinten Nationen in die Lage versetzt werden, vorausschauend zu planen, präventiv zu handeln und schnell und wirksam zu reagieren. Wir sind bereit, dafür ein Bundeswehr-Kontingent zur Verfügung zu stellen.« Denn: »Die Bundeswehr hat die Aufgabe der Landes- und Bündnisverteidigung und kann darüber hinaus nur im Rahmen eines UN- oder OSZE-Mandats für Friedensmissionen, wie zum Beispiel in Bosnien, eingesetzt werden. Die Präsenz der Bundeswehr in dieser Region im Rahmen der SFOR-Truppen wird noch einige Zeit andauern müssen.«
Zu außenpolitischen Fragen hat sich Schröder ansonsten nicht oft gemeldet – was er als Ministerpräsident eines Bundeslandes auch nicht mußte. Die SPD hat dagegen ihre Vorstellungen zu Auslandseinsätzen der Bundeswehr im Wahlprogramm festgelegt. Nachdem das Bundesverfassungsgericht die Teilnahme der Bundeswehr sowohl an Blauhelm-Missionen als auch an Einsätzen mit Erzwingungscharakter für verfassungsrechtlich zulässig erklärte, steht die SPD heute für sol-

che Einsätze mit ein: »Die Blauhelm-Einsätze der Vereinten Nationen haben sich in vielen Krisengebieten der Welt als Instrument der Friedenssicherung bewährt.« Allerdings werde die SPD bei allen ihren Entscheidungen prüfen, »ob ein eindeutiges, auch politisch stimmiges Mandat vorliegt, ob vor Operationen mit dem Recht auf Erzwingung alle nichtmilitärischen Möglichkeiten ausgeschöpft worden sind und ob der friedenssichernde Charakter der Maßnahme unbezweifelbar ist. Berücksichtigt werden müssen ebenfalls mögliche politische Hinderungsgründe, die speziell Deutschland betreffen, das Ausmaß des Risikos für die beteiligten Soldaten und die tatsächlichen praktischen Möglichkeiten. Außerdem muß ein Zeitrahmen für die Maßnahme festgelegt werden.« Gerhard Schröder war diese Festlegung sicher wieder zu detailliert.
Vage wird angedeutet, daß die SPD Initiativen zur weiteren konventionellen Abrüstung in Europa und zu einer weltweiten Reduzierung von Massenvernichtungswaffen mit dem Ziel ihrer Abschaffung ergreifen werde. Die Nato wird als »Pfeiler unserer Sicherheit« und »unverzichtbar für die Sicherheit und Stabilität Europas« betrachtet. An die Adresse der Grünen gerichtet, verdeutlichte Schröder in Leipzig noch einmal: »Eine von mir geführte Bundesregierung wird in der Nato bleiben. Und sie wird sich an den Friedensmissionen der Vereinten Nationen beteiligen.« Allerdings bleibe die Nato ein Verteidigungsbündnis. »Das globale Gewaltmonopol zur Sicherung des Weltfriedens liegt ausschließlich bei den Vereinten Nationen. Einsätze der Nato, die über ihren kollektiven Verteidigungsauftrag hinausgehen, be-

dürfen eines Mandats der Vereinten Nationen oder der OSZE (Organisation für Sicherheit und Zusammenarbeit in Europa).« Europa müsse allerdings eine gleichberechtigte Partnerschaft zwischen Europa und den USA anstreben. Rußland soll im Prozeß der Nato-Erweiterung nicht ausgegrenzt werden. Dies würde eine neue sicherheitspolitische Teilung Europas herbeiführen.

Auch bei Fragen der inneren Sicherheit hat Schröder die SPD mehrfach verstört. »Der Eiserne Vorhang hat die Bundesrepublik nicht nur getrennt vom Ostblock, sondern auch geschützt«, sagte Schröder 1997 der *Bild am Sonntag*. »Jetzt schwappt eine Welle von Verbrechen aus dem Osten nach Deutschland. Damit sind wir noch nicht fertig geworden.« Man müsse das mal sagen, selbst wenn es manche nicht gern hörten: »Beim organisierten Autodiebstahl sind Polen nun mal besonders aktiv, das Geschäft mit der Prostitution wird dominiert von der Russenmafia, Drogenkriminelle kommen besonders häufig aus Südosteuropa und Schwarzafrika. Man schützt die hier lebenden gesetzestreuen Ausländer nicht, indem man Ausländerkriminalität totschweigt. Wir dürfen nicht mehr so zaghaft sein bei ertappten ausländischen Straftätern.« Wer als Ausländer das Gastrecht mißbrauche, »für den gibt es nur eins: raus, und zwar schnell«.

Schröder sagte außerdem, ihm sei »unverständlich, daß jemand, der ein Kind mißbraucht und umgebracht hat, wieder freikommt. Wer einmal solch eine Hemmschwelle überwunden hat, dem kann man nach meiner Meinung nicht mehr helfen. Solche Täter sind nicht mehr therapierbar, auch wenn Psychiater etwas anderes sagen. Sie gehören auch nicht in den normalen Strafvollzug, wo sie nach dessen Regeln freikommen können. Deshalb bin ich der Meinung – selbst wenn mich manche für reaktionär halten: im Zweifelsfall in geschlossene Anstalten wegschließen!«

»Abrißbirne an der SPD-Programmatik.«

Juso-Bundesvorsitzende Andrea Nahles, 1997

Daß ein Sozialdemokrat Worte gebraucht wie zuvor nur CDU-Rechtsaußen wie Heinrich Lummer, der bayerische Ministerpräsident Edmund Stoiber oder Ex-Innenminister Manfred Kanther, das verärgerte einige Genossen. Hatte er nicht früher sogar die Haftzeit von Hitlers Stellvertreter Rudolf Heß beendet wissen wollen, weil lebenslänglich menschenverachtend sei? Und hatte nicht Schröder selbst nach dem Wahldesaster in Baden-Württemberg erklärt, die SPD könne »mit Law-and-order-Parolen nicht mit der CDU konkurrieren. Und – Gott sei Dank – schon gar nicht gewinnen.« Damals hatte Oskar Lafontaine versucht, nicht nur mit kritischen Aussagen gegenüber dem Euro, sondern vor allem gegenüber Aussiedlern Stimmen von rechts zu gewinnen. Jetzt versuchte Schröder, der Union das Wahlkampfthema Kriminalität streitig zu machen, mit dem später auch eine rechtsextremistische Partei wie die DVU (»Kriminelle Ausländer raus!«) bei der Landtagswahl in Sachsen-Anhalt erhebliche Erfolge hatte.

Schröder betätige sich als »Abrißbirne an der SPD-Programmatik«, schimpfte die Juso-Bundesvorsitzende Andrea Nahles in einer Presseerklärung, deren Verbreitung im Internet der stellvertretende Bundesgeschäftsführer, Wolfgang Gerhards, mit Billigung auch der Parteiführung zu verhindern versuchte. Mit seinen »Stammtischsprüchen« habe Schröder aber nicht nur pauschal Ausländer als Sündenböcke stigmatisiert, sondern auch das Bild einer gewaltbereiten, messerzückenden Jugend gezeichnet. Statt jungen Menschen vor dem Hintergrund von 12,5 Prozent Jugendarbeitslosigkeit und mehr als 200 000 fehlenden Ausbildungsplätzen einen Ausweg aus ihrem Dilemma aufzuzeigen, schlage Schröder ihnen »verbal in die Fresse«.

Schröder benutze »Gauweiler-Vokabular«, meinte auch Fraktionsvize Ingrid Matthäus-Maier. Der umweltpolitische Sprecher der Fraktion, Michael Müller, warnte, die Fraktion werde »einen Kurs der populistischen Anpassung« nicht mitmachen.

Der bündnisgrüne Vorstandssprecher Jürgen Trittin erklärte: »Zu glauben, unter Rot-Grün gäbe es eine Ausländerpolitik, die sich rechts von Kanther bewegt, ist ein Wunschtraum.« Zwar sei die Strategie, getrennt zu marschieren und vereint zu gewinnen, vernünftig, sagte Trittin der *tageszeitung*, sie gehe aber nur, soweit »nicht offenkundig wird, daß diese Politik gar nicht mehr zusammengeht«.

»Gerhard Schröder übernimmt nicht nur Positionen der CDU«, schrieb Heribert Prantl in der *Süddeutschen Zeitung*, »sondern versucht, den Konkurrenten noch rechts zu überholen.« Das habe Tradition in der SPD. Schon der Parteitag 1993 habe den großen Lauschangriff genehmigt, wenn auch knapp und unter den Versprechungen der Parteiführung, die »akustische Beweissicherung« nur unter strengen Auflagen zuzulassen. Doch dann habe es wie beim Asylrecht »die bekannte SPD-Kapitulation in vier Schritten« gegeben: »Die Parteispitze plädiert unter vielen Vorbehalten für eine Grundgesetzänderung. Zweiter Schritt: Der Parteitag stimmt der Sache mit Hängen und Würgen zu, weil die Parteispitze beschwört, daß sie sich strengstens an alle Auflagen halten wird. Dritter Schritt: Die Umsetzungs- und Verhandlungskommission der SPD kümmert sich wenig um diese Vorgaben. Vierter Schritt: Es kommt ein Gesetz heraus, wie es die Union von vornherein wollte.« Schröder, so meinte Prantl, kürze dieses Verfahren stark ab. Er gehe gleich einen Schritt weiter als die politische Konkurrenz und verkaufe das als SPD-Offensive – was zu einem Wettlauf führe nach dem Motto: Wer ist der Schärfste im ganzen Land?

Der für einen Politiker wohl schlimmste Vorwurf aber kam aus dem Ausland. Schröders Aussagen ließen »ein gewisses Maß an Uninformiertheit erkennen«, meldete die *Neue Zürcher Zeitung*. Die Zahl der ausländischen Tatverdächtigen sei laut Kriminalstatistik in den vergangenen zwei Jahren nicht gewachsen. Tatsächlich war die Zahl der Autodiebstähle rückläufig, für die Schröder ausdrücklich polnische Kriminelle verantwortlich gemacht hatte. Zudem war die Möglichkeit, kriminelle Ausländer abzuschieben, durch eine Verschärfung des Ausländerrechts kurz zuvor auch mit den Stimmen der SPD beschlossen worden. Sogar Demon-

stranten, denen Gewalttaten vorgeworfen werden, können seither ohne Richterspruch ausgewiesen werden.
Mit der Absage an Therapiemöglichkeiten und der Forderung nach geschlossenen Anstalten für Sexualstraftäter steht Schröder neben dem Wahlprogramm der SPD, das Selbstverständlichkeiten sagt: »Der sexuelle Mißbrauch von Kindern gehört zu den schlimmsten Verbrechen und muß hart bestraft werden. Wir müssen alles Menschenmögliche tun, um unsere Kinder vor Rückfalltätern zu schützen. Während des Strafvollzugs muß versucht werden, die von Sexualstraftätern ausgehende Gefahr durch eine gezielte Therapie zu beseitigen. Sexualstraftäter dürfen nur dann wieder entlassen werden, wenn eine Gefahr für Kinder ausgeschlossen werden kann.«
Im Laufe seiner Entwicklung als Politiker ist Gerhard Schröder, der als Anwalt schon Kommunisten verteidigt und dem als RAF-Terrorist verurteilten Horst Mahler Hafturlaub erstritten hatte, in der Frage der inneren Sicherheit immer weiter Richtung Law and order gekippt. Franz Josef Strauß hat sich 1986 noch heftig darüber aufgeregt, daß ihn »Herr Schröder« in einer öffentlichen Veranstaltung »wegen meiner Haltung in der Asylantenfrage« eine »Sau« genannt habe. Nachdem 1992 fast 440 000 Menschen in der Bundesrepublik um Asyl nachgesucht hatten, drohte Schröder die Gesprächsrunde mit der Union platzen zu lassen, falls innenpolitische Erwägungen wichtiger werden als die Sicherheit verfolgter Menschen. »Sonst wird die Verfassung zur Betriebsanleitung für die Durchsetzung des gesunden Volksempfindens«, sagte er dem *Spiegel*,

»und die Politiker werden zu dessen Vollstreckern.« Schließlich trug Schröder den sogenannten Asylkompromiß dennoch mit – wegen des gesellschaftlichen Drucks in dieser Frage. Er habe sogar zu Hause Besuch von Leuten bekommen, die sich wegen der durch Asylsuchende belegten Turnhallen beschwerten. Das bedeutungslose Nein Niedersachsens im Bundesrat war eher ein Zugeständnis an den Koalitionspartner.

Jugendliche Punks verteidigte er 1983 mit den Worten, die hauten auf den Putz, weil das ihre Möglichkeit sei, Unzufriedenheit mit den bestehenden gesellschaftlichen Verhältnissen zu zeigen. Als die Punker 1995 zu den Chaos-Tagen nach Hannover kamen, kündigte er an, wer hierherkomme, um Chaos zu veranstalten, der »muß sich nicht wundern, wenn er das Fell versohlt kriegt«.

Als jüngst nach der Veröffentlichung des Auflösungsbeschlusses der RAF auch die Rückführung der Anti-Terror-Gesetze gefordert wurde, sprach sich Schröder dagegen aus. Der gelernte Rechtsanwalt empfahl: »Wiedervorlage in fünf Jahren.«

Gunter Hofmann stellte wegen der Meinungsänderungen des Kanzlers in der Wochenzeitung *Die Zeit* fest: »Das Verfallsdatum der Positionen, die Schröder gerade verteidigt, wirkt irritierend kurz.«

Ostdeutsche SPD-Führer betrachten das Kriminalitätsthema aus einer anderen Sicht. Gewalt erwächst für Wolfgang Thierse oder Reinhard Höppner aus sozialen Problemen. Ein Jugendlicher, der einen Job hat, reißt alten Frauen keine Handtaschen vom Arm. Die Parole der ostdeutschen Genossen – »Die beste Kriminalpolitik ist eine gute Sozialpolitik« – übernahm Schröder später, und das steht so auch im Programm.

»Das Verfallsdatum der Positionen, die Schröder gerade verteidigt, wirkt irritierend kurz.«

Gunter Hofmann in: *Die Zeit,* 1995

Was aber, wenn es nicht gelingt, den Menschen, vor allem Jugendlichen, wieder eine Perspektive zu geben? Bei wachsenden sozialen Gegensätzen ist weltweit der Trend festzustellen, daß die Staaten zur Verteidigung von Ruhe und Ordnung aufrüsten. »Der Staat wird seine wenigen Mittel nicht für die Wohlfahrt und für Arbeitsbeschaffungsprogramme, sondern für die Aufrüstung der Polizei und für neue Gefängnisse ausgeben«, prophezeite Jeremy Rifkin. Ein Teufelskreis. Für die USA hat er »latente Bürgerkriege« im »postmarktwirtschaftlichen Zeitalter« angekündigt. Wenn sich auch in Deutschland die Schere zwischen Arm und Reich weiter öffnet, könnte die Entwicklung auch hier in diese Richtung gehen. Gerhard Schröder will »das Schlechte« aus den USA nicht übernehmen. Es gebe aber auch keine Neubelebung der Städte ohne das Gefühl der Bürger für Sicherheit und Verantwortlichkeit, meint Schröder unbeirrt. Deshalb will die SPD die Finanzkraft der Länder stärken, damit »mehr Polizisten für die Sicherheit der Bürgerinnen und Bürger eingesetzt werden können«. Für Ladendiebstahl, Schwarzfahren und andere Taten der Klein- und Alltagskriminalität will die SPD deshalb »flexible Strafen, ohne großen bürokratischen Aufwand, kostengünstig und rechtsstaatlich«. Die Strafe müsse auf dem Fuße folgen. »Wir alle kennen die Ursachen der Verantwortungslosigkeit: Sozialabbau, Arbeitslosigkeit, Chancenabbau«, erklärte Schröder. »Aber Entfremdung ist keine Entschuldigung für Kriminalität. Wir werden hart gegen das Verbrechen und hart gegen seine Ursachen sein.« Das hat er von Tony Blair übernommen. Dessen Slogan war: »Hart gegen Kriminalität, aber auch hart gegen die Ursachen von Kriminalität.«

Schröder, Euro(pa) und die Globalisierung

Zwei Stunden hatte Gerhard Schröder gerade mit Wolfgang Clement, Reinhard Höppner, Ursula Engelen-Kefer und dem Wirtschaftsweisen Wolfgang Franz auf einem Forum der Friedrich-Ebert-Stiftung über »Wege aus der Massenarbeitslosigkeit« gesprochen, dann durfte das Publikum Fragen stellen. Wie er denn dazu komme, wollte ein junger Mann wissen, den Euro als »kränkelnde Frühgeburt« zu bezeichnen. Ein Raunen ging durchs Publikum. Schröder räusperte sich und entgegnete, das habe er »so nie gesagt«. Am nächsten Tag konnte jeder das *Bild*-Interview nachlesen: Schröder hatte es gesagt. Die »überhastete Währungsunion«, stand da, habe zu einer »kränkelnden Frühgeburt« geführt.

Schröder stand mit seinen Bedenken gegenüber der gemeinsamen Währung nicht allein. Nicht nur der bayerische Ministerpräsident Edmund Stoiber nörgelte publikumswirksam, auch die Wirtschaftsforschungsinstitute räumten in einer Gemeinschaftsdiagnose ein: »Ein mögliches Risiko für die Konjunktur könnte darin bestehen, daß im Vorfeld der Währungsunion einzelne Währungen oder die beteiligten Währungen insgesamt unter Druck geraten, weil Zweifel an der Wertbeständigkeit des Euro aufkommen oder weil die Märkte die derzeit gültigen Wechselkurse als nicht angemessen für den Einstieg in die Währungsunion ansehen.« Allerdings erachteten die Wirtschaftsforscher solche Turbulenzen an den Devisenmärkten mit der möglichen Konsequenz deutlich höherer Zinsanhebungen für »wenig wahrscheinlich«.

Schröders Sorge galt jedoch nicht in erster Linie einem möglichen Kursverlust. »Damit das Kind durchkommt und den Eltern Freude macht«, müßten rasch politische Rahmenbedingungen geschaffen werden, also vergleichbare Standards in der Steuer-, der Sozial- und in der Umweltpolitik. Die Versprechungen neuer Arbeitsplätze, die Banken und Industrie in zahlreichen Anzeigen und TV-Spots machten, teilt Schröder nicht. Zunächst werde es mit Einführung des Euro keine neuen Arbeitsplätze geben. Im Gegenteil, vielleicht werde der Euro sogar welche kosten. Zunächst. »Die Bürger«, erklärte Schröder in staatsmännischem Ton, »müssen wissen: Der Euro bringt keine blühenden Landschaften.«

Die Parallelen, die Schröder offenbar zieht, sind augenfällig. 180 Milliarden Mark transferiert die Bundesrepu-

blik West jährlich in die Bundesrepublik Ost. Diese so gewollte Finanzierung des Aufbaus Ost hat zur Folge, daß die Bundesrepublik noch eine Weile mit einer hohen Staatsquote wird leben müssen. Auch damals, nach der Wende, hat niemand auf die Warnungen der SPD, insbesondere des damaligen Kanzlerkandidaten Oskar Lafontaine und des damaligen niedersächsischen Ministerpräsidenten(kandidaten) Gerhard Schröder, gehört.
Für Europa hat Schröder aus diesen Erfahrungen offenbar gelernt. In Berlin sagte er, die EU dürfe keine »Transferunion« werden. Es könne nicht angehen, daß ein starkes Land zum Ausgleich von Defiziten in schlechten Ländern herangezogen werde. Das ist natürlich genau so zu erwarten und fand ja auch innerhalb der EU immer statt, denn wer keine größeren Menschenwanderungen innerhalb der Gemeinschaft will, muß die Lebensbedingungen der Menschen einigermaßen in ein Gleichgewicht bringen.
Genau das aber fehlte dem neuen Kanzler. Er hatte stets zweierlei gegen die europäische Einigung einzuwenden: Sie wurde zu schnell vollzogen, und sie beschränkte sich zu sehr auf die Diskussion um die Währungsunion, um den Euro. Im Oktober 1996 meldete Schröder erstmals Zweifel an, »ob wir es rechtzeitig schaffen, die Bedingungen für die Währungsunion zu erfüllen«. Als er kurz nach Weihnachten 1996 andeutete, daß der Euro möglicherweise durch ein Nein des Bundesrats gestoppt werden könnte, erntete er dafür sogar Widerspruch von Oskar Lafontaine. Den Fahrplan für den Euro aufzukündigen hieße, die Europäische Union in eine Krise zu stürzen.

Schröder aber hörte nicht auf, seine Bedenken gegen die Einführung des Euro anzumelden, und verbündete sich sogar mit dem bayerischen Ministerpräsidenten Edmund Stoiber. Wenn die Konsolidierungszwänge in Europa nur unter »enormen arbeitsmarktpolitischen und sozialen Schleifspuren zu erreichen« seien, dann sei eine Lösungsmöglichkeit, nicht die Konsolidierungsanstrengungen aufzugeben, sondern – und nun folgt eine Kostprobe der für Schröder typischen Verbalkunst – »sie auf der Zeitachse zu verschieben«. Schröder plädierte im Sommer 1997, nun konkreter, für eine »kontrollierte Verschiebung« der Europäischen Wirtschafts- und Währungsunion, für ein vorzeitiges Inkraftsetzen des Stabilitätspaktes sowie für engere Bandbreiten des Europäischen Währungssystems.
Selbst als die gemeinsame europäische Währung nicht mehr zu stoppen war, zeigte sich Schröder, noch skeptisch. Die Einführung des Euro »nach Erreichen der vereinbarten Kriterien«, so Schröder, »kann« ein »großer Schritt hin zur Wiederherstellung der Handlungsfähigkeit demokratischer Politik und ein wichtiges Element der Selbstbehauptung Europas auf den globalisierten Märkten sein«. Daß Europa der »größte Markt der Welt« sei, strich Schröder immer heraus. Aber er sah auch ein Demokratiedefizit, das beseitigt werden müsse. Auch Europa brauche dringend Reformen.
Nach den Wahlsiegen der »Linken« in Frankreich und Großbritannien freute sich Schröder, »daß heute die Sozialdemokratie wieder die bestimmende politische Kraft in Europa ist«. Viele Menschen hätten am eigenen Leib erfahren, daß die Rezepte der »neokonservativen

Politiker« – es ist sicher kein Zufall, daß Schröder nicht von neo*liberalen* Politikern redete – gescheitert seien. Mit der sozialistischen Mehrheit in Europa versprach Schröder eine europäische Beschäftigungsoffensive. 1999, wenn Deutschland die EU-Ratspräsidentschaft übernimmt, wird sich zeigen, was daraus wird.

Das Zaudern Schröders beim Thema Euro(pa) steht in krassem Widerspruch zu seinen Stellungnahmen zur Globalisierung, die möglicherweise ihre Ursachen im Glauben daran haben, daß die Globalisierung – zwangsläufig und unbremsbar – in ihren Folgen kaum regulierbar sei. Die globalisierten Märkte für Kapital, Güter und Dienstleistungen sowie Arbeit seien »in bisher nicht gekannter Weise internationaler Konkurrenz ausgesetzt«. Ein Schutz dieser Märkte durch nationale Politik sei »weitgehend unmöglich« geworden. Internationale Ansätze nennt er zwar »begrüßenswert«, sie scheiterten aber oft an nationalen Egoismen, »etwa am Ausnutzen komparativer Kostenvorteile durch aufstrebende und reformierte Industriestaaten«. Das »Modell Deutschland« habe dem allerdings eine Menge entgegenzusetzen, nämlich ein »immenses Kapital an immateriellen Ressourcen wie Ausbildung, Qualifikation, Innovationstalent«, das »industrielle Erbe der deutschen Volkswirtschaft« und – auch das – die »Fähigkeit zur sozialen Konsensbildung«.

Schröder fordert den »Verzicht auf Altes«. »Die Gewißheit kann heute niemand mehr haben, ein Leben lang an derselben Werkbank zu stehen, am selben Schreibtisch zu sitzen. Noch nicht einmal die Gewißheit, immer in nur einem Beruf zu arbeiten, mit der einmal erworbenen Qualifikation.« Allerdings würden die Menschen neue Wagnisse nur eingehen, wenn sie sicher seien, daß ihre existentiellen Lebensgrundlagen nicht bedroht seien. Um so wichtiger sei es, »den Menschen beim Weg in diese aufregende Zukunft einen Korridor der sozialen Verläßlichkeit zu bauen«.

Dann, so ist Schröder zu verstehen, würden die Menschen schon mitlaufen beim Wettrennen um die Führungspositionen in der Weltwirtschaftsliga.

Wie fast alle neoliberalen Ökonomen hält Schröder die Wahrscheinlichkeit, durch politische Maßnahmen regulierend ins Marktgeschehen einzugreifen, für wenig aussichtsreich. Er setzt auf die Durchsetzungsfähigkeit der deutschen Mannschaft im »Wettlauf der Besessenen« (Paul Krugman). Wohin es führen wird, wenn alle einen Marathon im Tempo eines 100-Meter-Laufs absolvieren, hat Horst Afheldt in seinem Buch *Wohlstand für niemand* in einem weiteren einprägsamen Bild beschrieben: »Das entspricht der Zehenspitzen-Gesellschaft der 70er Jahre. Wer sich in einer Menge auf die Zehenspitzen stellt, wird besser gesehen. Wenn sich jedoch alle auf die Zehenspitzen stellen, wird niemand besser gesehen, es ist aber für alle ungleich anstrengender. Heute starten wir von der Zehenspitzen-Gesellschaft in die Hochhüpf-Gesellschaft. Aus Angst, auf dem Müll der Arbeitslosigkeit zu landen, hüpfen alle Leute ununterbrochen hoch. Das kann keine Gesellschaft ewig durchhalten.«

Schröder und der SPD ist klar, daß Deutschland einen Wettlauf zur Senkung der Kosten gegen die Billiglohnländer dieser Welt nicht gewinnen kann. Die Wettbewerbsvorteile liegen auf anderen Gebieten: »Wenn wir im internationalen Wettbewerb bestehen wollen, dann müssen wir einfach produktiver und besser sein als unsere Konkurrenten«, verkündete das Wahlprogramm. »Spitzenprodukte und Spitzenqualität zu wettbewerbsfähigen Preisen – darin liegt die Zukunft der deutschen Wirtschaft.«

»Nebelwerfer und Medieninszenierer.«

Wolfgang Schäuble,
CDU/CSU-Fraktionsvorsitzender, 1998

Die Konkurrenz holt auf. Siemens beispielsweise hat seine Softwareproduktion nach Indien verlagert. Je mehr aber die von Schröder so genannten immateriellen Ressourcen auch von Konkurrenten erbracht werden, desto wichtiger werden die materiellen, etwa niedrige Sozial- und Umweltstandards oder sonstige günstige Rahmenbedingungen. Während Gerhard Schröder die Durchsetzung internationaler Vereinbarungen für aussichtslos hält, hat seine Partei sich solche als Ziel gesetzt: »Wir brauchen soziale und ökologische Mindeststandards, um der Ausbeutung von Mensch und Natur zu begegnen. Wir werden uns dafür einsetzen, daß ausbeuterische Kinderarbeit weltweit geächtet wird und daß die Arbeitnehmerinnen und Arbeitnehmer überall das Recht bekommen, ihre Interessen durch freie Gewerkschaften zu vertreten. Wir wollen verhindern, daß unsere Wirtschaft durch unfaires Währungsdumping bedroht wird. Unser Ziel ist ein stabiles Weltwährungssystem. Die Europäische Währungsunion ist dafür ein entscheidender Schritt.« Und: »Die globalisierten Märkte brauchen eine neue und faire Weltwirtschaftsordnung, die sich an den Grundsätzen der sozialen und ökologischen Marktwirtschaft orientiert.«

Oskar Lafontaine hat immer wieder darauf hingewiesen, daß Angst vor der Globalisierung nicht angebracht sei – wenn die Märkte in geeigneter Form gezügelt werden können. Um den Staatenwettlauf um die Senkung von Steuern, Umwelt- und Sozialstandards zu verhindern oder zu stoppen, eine Teilung der Menschheit in wenige Reiche und Massen von Armen zu verhindern, wäre eine Kontrolle durch eine Welt-Zentralgewalt, einen Welt-Schiedsrichter, eine internationale Schiedsstelle, nötig, die definiert, was Gerechtigkeit für alle Völker sein soll. Statt einer Renationalisierung der Politik müssen die Chancen der Globalisierung genützt, gleichzeitig die Gefahren vorbeugend bekämpft werden. Noch ist das eine Utopie, und Horst Afheldt merkt realistisch an: »Das Problem ist, daß es diese Gewalt auf der politischen Ebene nicht gibt und angesichts der völlig unterschiedlichen Interessen der mehr als 180 Mitgliedstaaten der Vereinten Nationen auch in absehbarer Zeit nicht geben wird.«

Die SPD hat sich in den letzten Jahren mit Gerhard Schröder darauf verständigt, auch bei der Globalisierung positiv zu denken: »Die Globalisierung ist eine Chance. Gerade für die leistungsstarke deutsche Wirtschaft bietet sie neue Chancen für Arbeit und Wohlstand. Die Globalisierung stellt Wirtschaft, Arbeitnehmer und Politik vor neue Herausforderungen. Die Konservativen nutzen die Angst vor der Globalisierung für eine schamlose Umverteilungspolitik. Mit Angst aber kann man die Zukunft nicht gewinnen.«

Statt Angst zu verbreiten, will die SPD – obschon mit ihrem Bundeskanzler auf scharfem Deregulierungskurs segelnd – sich erklärtermaßen bemühen, die Folgen des Freihandels einzudämmen. Weil der internationale Handel Deutschlands wie auch der anderen EU-Staaten zu rund zwei Dritteln innerhalb der Union stattfindet, sollen zunächst einheitliche Regelungen innerhalb der EU angestrebt werden. Schröder warnte in Leipzig: »Wenn die Steuern nicht harmonisiert werden in Europa, wird das zum Bersten der neuen Währung führen und vielleicht zum Bersten der ganzen europäischen Gemeinschaft. Und mehr als alle anderen würden die Arbeitnehmer leiden. Wenn wir die Standards von Wohlfahrt und sozialer Sicherung nicht auf möglichst hohem Niveau angleichen – dann wird das die Gemeinschaft sprengen! Wenn wir nicht einen tragfähigen Konsens über eine abgestimmte Wirtschafts- und Beschäftigungspolitik hinbekommen, dann werden die Konvergenzmängel und die Bilanzkosmetik zur ernsthaften Bedrohung für die Stabilität des Euro.«

Wenn Deutschland mit Gerhard Schröder den EU-Ratsvorsitz übernimmt, wird man sehen, wie ernst er und die anderen sozialdemokratischen Parteien in Westeuropa – nur Spanien und Luxemburg haben derzeit konservative Regierungen – soziale Sicherheit und Umweltschutz nehmen.

Doch was heißt heute sozialistisch, was sozialdemokratisch? Die Programme Bill Clintons, Tony Blairs und auch Gerhard Schröders unterscheiden sich nur marginal von denen ihrer konservativen Gegenspieler. Und das nicht nur in den Schlagworten. Der Unterschied besteht offenbar darin, daß der neue Neoliberalismus im sozialdemokratischen Gewand daherkommt. Weil Gerhard Schröder das so perfekt zu verkaufen wußte, hätte die Unternehmerschaft sein Geschick im Umgang mit der Öffentlichkeit gern genutzt: Ein Kanzler Schäuble in einer großen Koalition mit einem Partner Schröder, der dessen Deregulierungspolitik als unvermeidlich glaubwürdig ans Publikum bringt – das wär's für die Wirtschaftsstrategen gewesen.
Es kam anders. Und so werden Sozialdemokraten heute offenbar nicht nur zum Trommler, sondern zum Vollstrecker eines Programms, das in seinen Anfängen mit den Namen Ronald Reagan oder Margret Thatcher verbunden war. Der sozialdemokratische Neoliberalismus eines Gerhard Schröder hat allerdings eine breite Zustimmung bei den Massen erfahren, die entweder den Trend nicht erkannt haben oder auf einen Ausgleich durch die Kräfte in Schröders Partei setzen, die sich mit dem Namen des Parteivorsitzenden verbinden. Schröder, das wird beim Lesen seiner Reden und beim Betrachten seiner Taten klar, wird sich den Forderungen der Wirtschaft nach Deregulierungen und einer Aufweichung sozialer Standards nicht verschließen. Immerhin wird er darauf bestehen, die Sozialleistungen auf niedrigem Niveau zu halten. Daß diese Maßnahmen notwendig seien, das zu vermitteln trauen ihm die Manager of-

fenbar zu, weshalb er auch in diesen Kreisen bei der parteiinternen Auseinandersetzung mit Oskar Lafontaine reichlich Unterstützung fand. Schröder wird für sie glaubwürdig vermitteln, daß der Gürtel enger geschnallt werden muß, weil die Menschen bei ihm nicht das Gefühl haben werden, sie würden über den Tisch gezogen. Das Wahlprogramm sprach denn auch von »sozialer Innovation« statt von »Sozialabbau«.

Außerdem sammelten sich bei Gerhard Schröder wie bei Bill Clintons Sieg über Ronald Reagan all diejenigen, die bisher eher konservativ wählten und fürchteten, aus der Mitte zu fallen. Die Arbeitslosigkeit wurde in den vergangenen Jahren auch den Besserverdienenden zu einer Gefahr, die nun – das hätten sie nie für möglich gehalten – auch sie selbst bedrohte. Schröder hat das genutzt. Zu seiner »Neuen Mitte« zählen »die wissenschaftlich-technische Intelligenz, die Handwerksmeister, die kleinen und mittleren Unternehmer, aber auch unsere klassische Klientel, die wir ganz wiederhaben wollen, die Facharbeiter«. Schröder zeigte sich gegenüber der *Leipziger Volkszeitung* sicher: »Die alle möchten, daß sich einiges ändert, aber die wollen keine Revolution.«

Warum aber sollten all diese Menschen heute zur SPD kommen? »Die wichtigsten Leistungsträger unserer Gesellschaft, die Facharbeiter, Angestellten und ihre Familien, die Empfänger mittlerer Einkommen, drohen zu verarmen«, erklärte er in Leipzig. »Über Steuern und Abgaben werden ihnen bei uns – direkt und indirekt – rund zwei Drittel des Bruttoeinkommens entzogen.«

Clinton warb damals für »the people who work hard

and play by the rules«, Schröder warb um die »wichtigsten Leistungsträger« und versprach in einer sich polarisierenden, schon gespaltenen Gesellschaft eine »Neue Mitte«. Ein »pfiffiger Wahlkampfbluff«, wie Tobias Dürr in den *Blättern für deutsche und internationale Politik* urteilte, der aber Folgen hat für die SPD. »Wer mit der Mitte der Gesellschaft Wahlen gewinnt, der muß auch mit ihr regieren.« Mit Willy Brandt sagte Schröder in Leipzig: »Wer in dieser Demokratie, wer in Deutschland Mehrheit und Macht erringen will, der muß die Mitte gewinnen – und halten!« Doch diese Mitte, so Dürr, sei »prekär, fragil und vorläufig«.

Das könnte auch für die Partei gelten, die geradezu vorbildlich und still zu ihrem charismatischen Kandidaten gehalten hat. Jetzt ist der Wahlkampf vorbei, der Sieg errungen, der Bär ist erlegt. Nun darf sein Fell verteilt werden.

4.
Der Kanzler: Zielstrebiger Slalom ins Ziel

Propheten haben's schwer – mit dem neuen Kanzler und mit der SPD auch. Den Widerspruch zwischen »ökonomischer Vernunft« und alten sozialdemokratischen Positionen könne auch Gerhard Schröder nicht ausräumen, urteilte die *FAZ* 1995. Der SPD sei nicht zu helfen, selbst mit neuen Männern und Frauen an der Spitze. »Wo auch wären die?« fragte das Blatt. »Auf die Generation der Enkel, die seit Jahren die Begrenztheit ihrer politischen Fähigkeiten vorführt, folgt nichts und niemand.«
Auch der Freiburger Politologe Ludger Kühnhardt hatte vor vier Jahren in der Zeitung *Die Welt* das »sozialdemokratische Jahrhundert« (Ralf Dahrendorf) für beendet erklärt. Die Linke erscheine heute »nicht mehrheitsfähig« und bleibe »vielleicht immer am besten in der Opposition«. Keiner wisse, wohin die Reise gehen soll. Die SPD könne nicht einmal glaubwürdig verdeutlichen, daß sie ans Ruder will. »Erst wenn der Wille zur Macht mit einer programmatischen Perspektive verbunden werden kann, wird die SPD sich wieder Chancen machen können, Kanzlerpartei zu sein.«
Die SPD hat offenbar schneller als erwartet eine Alternative gefunden. Trotzig antwortete Schröder auf die gelehrten Meinungen von damals auf dem Leipziger Parteitag, der ihn zum Kandidaten kürte: »Die Zeiten

sind erneut vorbei, in denen es so schien, als sei das Sozialdemokratische nicht machbar und das Machbare nicht sozialdemokratisch.«

»Lieber Gerhard Schröder, ich wünsche dir, du mögest Bundeskanzler werden, der zugleich mit Weitblick und zugleich mit Augenmaß die Richtlinien der Politik bestimmt. Ich wünsche dir die Tapferkeit, das Notwendige auch dann zu tun, wenn es zunächst unpopulär ist. Ich wünsche dir eine Partei und Fraktion, die zugleich kritisch und zugleich loyal ist – und die nie vergißt, daß es für sie leichter ist, Programme auf dem Papier zu verfassen, als für Gerhard Schröder, dieselben tatsächlich Schritt für Schritt zu verwirklichen.«

Altbundeskanzler Helmut Schmidt
auf dem Parteitag 1998 in Leipzig

Eine Frage aber steht mit dem neuen Bundeskanzler Gerhard Schröder im Raum: Beginnt im Laufe dieser Legislaturperiode ein weiteres »sozialdemokratisches Jahrhundert«, oder geht es trotz des Wahlsieges der SPD mit diesem Kanzler zu Ende? Wie einst bei Helmut Schmidt gibt es auch heute Stimmen, die den Neuen in der falschen Partei wähnen. Kühnhardt zählt ihn dazu, ja er hatte Schröder trotz seiner falschen Prognose vom Ende der Sozialdemokratie schon damals als Hoffnungsträger der SPD erkannt, auch wenn die Partei damals davon sicher nichts wissen wollte. Allein Gerhard Schröder, schrieb Kühnhardt, könnte die Chuzpe haben, »eine koalitionäre Struktur zu zimmern, bereit zum Konflikt mit dem bürgerlichen Deutschland, immer gut für versöhnliche Gesten und integrative Worte in Richtung Wirtschaft, aber auch beseelt mit einem Willen zur Macht, was den Kompromiß mit Grünen und Altroten verlangt«.

Doch die Partei mochte ihn nicht, den Quertreiber, den Aufsteiger, den Vordrängler, der für den Geschmack der Parteibeamten immer etwas zu schnell »hier« rief, wenn Positionen zu besetzen waren. Daß er während des Wahlkampfs ankündigte, auch Außenstehende wie den Gewerkschafter Walter Riester in sein Regierungsteam aufzunehmen, sorgte sicher ebenfalls für Zähneknirschen bei solchen Genossen, die sich nach jahrelanger Ochsentour selbst an der Reihe sahen. Partner suchte sich Schröder schon immer da, wo er sie fand.

Erstmals wurde das schon bei den Jungsozialisten deutlich. Vorsitzender der extrem linken Nachwuchstruppe hatte Schröder 1978, obschon selbst bekennender »Marxist«, zwar nicht unbedingt werden wollen, aber seine Wähler vom Stamokap-Flügel und die Antirevisionisten hat er dafür gleich nach der Wahl vergrätzt: Eine Konfrontation gegen die Mutterpartei werde es mit ihm nicht geben. Die Jusos seien nicht Partei in der Partei, sondern Teil derselben. Auch wenn Schröder erklärte, marxistische Positionen gehörten zum Spektrum der SPD, so zog er klare Grenzen: »Mit einer durchstalinisierten DKP sind keine Gemeinsamkeiten möglich.«

Die extreme Linke merkte bald, daß Schröder »nach Art

der FDP bereit« ist, »mit wechselnden Mehrheiten zu operieren«. Schröder setzte sich durch und zähmte die Radikalsten in der Nachwuchsorganisation. Schon damals, als er mit phantastischen 85 Prozent der Delegiertenstimmen noch einmal als Juso-Chef bestätigt worden war, hieß es in der *Frankfurter Allgemeinen Zeitung*, Schröder sei ein »nicht alltägliches politisches Talent«. Die Prognose: »Er wird noch was in der Partei.«

Ein Jahr später, 1979, trotzte er, der »Marxist«, den rechten »Kanalarbeitern« in Niedersachsen einen Bundestags-Wahlkreis ab: Wahlkreis 38, Hannover Land. 210 000 Wahlberechtigte, von denen 14 000 gerade in ihre neuen Einfamilienhäuser im Grünen eingezogen waren – Aufsteiger aus der Stadt. Schröder putzte Klinken und hatte überraschend Erfolg. Er half mit, Strauß zu verhindern, gewann ein paar mehr als die Hälfte der Stimmen und zog als einer von 67 neuen SPD-Abgeordneten in den neunten Bundestag ein. Nach ihm gelang dieses Kunststück keinem Juso-Vorsitzenden mehr.

Er wolle in Bonn keinesfalls sein Herz auf der Zunge tragen, ließ er wissen, an Personalquerelen wolle er sich nicht beteiligen. Disziplin wolle er wahren und lernen, was machbar ist, freilich ohne Überzeugungen aufzugeben. Er blieb nicht lange ruhig. Bei den Koalitionsbeschlüssen, kommentierte er im *Stern*, hätten sich die »konservativen Kräfte durchgesetzt«. Dafür gab es die unangenehme Einladung zu einem Vier-Augen-Gespräch mit Herbert Wehner.

1983 wurde Schröder Vorsitzender des SPD-Bezirks Hannover, des fünftgrößten der Republik, wenig später meldete er per Zeitungsinterview seine Ansprüche auf die Spitzenkandidatur für die Landtagswahl an. Karl Ravens, damals Chef im Ring, meinte säuerlich: »Voreiligkeit in Personalfragen hat sich in der SPD noch nie ausgezahlt.« Hannovers Oberbürgermeister Herbert Schmalstieg sowie Johann Bruns, Parteirechter aus dem Bezirk Weser-Ems, unterstützten Schröder. Und Willy Brandt signalisierte, daß er nichts gegen Schröders Kandidatur einzuwenden habe, obwohl er Ravens Loyalität schuldete. Hans Apel zog im Laufe des Kandidatenstreits Leine, auch Anke Fuchs mußte sich schließlich beugen. In der *Zeit* maulte Helmut Schmidt, Schröder sei zu früh angetreten. Unterwegs in Richtung Staatskanzlei verleiteten ihn gute Umfrageergebnisse dazu, die Bündnisfähigkeit der Grünen anzuzweifeln, als in Hessen Joschka Fischer gerade in Turnschuhen zum Minister ernannt wurde. Es hat dann nicht gelangt, nicht einmal für Rot-Grün. Der Vorsprung der schwarz-gelben Koalition schmolz von 13 auf 1 Prozent. Ernst Albrecht konnte mit einem Mandat Mehrheit regieren. Noch. Für viele war's trotzdem ein Erfolg, aber Gerhard Schröder hatte kurz nach Tschernobyl mehr erwartet. Immerhin wurde er von Willy Brandt getröstet: »Ein richtig schönes Gesellenstück.«

Vier Jahre später war Schröder niedersächsischer Ministerpräsident, aber seine Ambitionen zielten immer nach Bonn. Doch da schickte sich nach Oskar Lafontaines Niederlage seit Januar 1992 »ein schöner Mann« (*FAZ*) an, Kanzler Kohl abzulösen: Björn Engholm. 52 Prozent Zustimmung hatte der auf die Frage, mit welchem Spitzenkandidaten die SPD die besten Chancen habe. Schröder kam nur auf 14, beharrte aber darauf, daß die Wähler keine »netten Leute vorn dran« wollten. Als herauskam, daß Engholm schon sechs Tage früher als beschworen von Barschels Machenschaften gegen ihn gewußt hatte, gab Engholm auf.

Das Magazin der *Süddeutschen Zeitung* blickte am Tag von Schröders Wahl zum Kanzlerkandidaten, am 17. April 1998, noch einmal auf den 3. Mai 1993 zurück. Ohrenzeugen hätten berichtet, daß Schröder zunächst »baff« gewesen sei ob des Verzichts. Dann aber habe er als Anwalt »den Kasus juristisch betrachtet« und »cool auf ›uneidliche Falschaussage‹ befunden: ›Damit kommt er nicht durch!‹« soll Schröder resümiert haben. »Die letzte Pressekonferenz seines Vorsitzenden sah Schröder im Fernsehen. Kognakschwenkend begoß man in Blessings Büro die politische Leiche …«

»Ich will Bundeskanzler Kohl ablösen«, war Schröder sofort nach Engholms Rückzug zu vernehmen. Johannes Rau grummelte, man solle nicht »bereits mit den Hufen scharren, ohne daß der Startschuß gefallen ist«. Und die Parteioberen, Engholm selbst, Rau, Lafontaine, Blessing und Klose, beschlossen schnell, daß der neue Parteivorsitzende nicht Gerhard Schröder heißen dürfe. »Mit dir, Gerd, geht das nicht«, signalisierte Lafontaine noch am Tag von Engholms Rücktritt. Dem, so weiß das *SZ-Magazin*, sei »fast das Weinglas aus der Hand gefallen«.

Wie genau die von der Partei als vorlaut beurteilte Selbstbewerbung zustande kam, darüber gibt es mehrere Versionen. Béla Anda und Rolf Kleine schieben den Journalisten die Schuld zu. Schröders Regierungssprecher Uwe-Carsten Heye habe darauf verwiesen, daß es in der SPD die Erwartung gebe, Schröder werde antreten. Eine Mitarbeiterin der Nachrichtenagentur AP habe daraus gemacht: »Regierungssprecher Heye bestätigt: ›Schröder wird antreten!‹« In Ulrich Rosenbaums Scharping-Biografie heißt es, Schröder habe »durch einen Sprecher mitteilen (lassen), er sei bereit, beide Ämter zu übernehmen«. Am nächsten Tag habe er sich damit entschuldigt, »da sei wohl jemand besoffen gewesen«.

»Mit dir, Gerd, geht das nicht.«
Oskar Lafontaine, SPD-Vorsitzender,
im Mai 1993 nach dem Rücktritt von Björn Engholm

Schröder jedenfalls stand nach seiner als voreilig empfundenen öffentlichen Bewerbung allein und kämpfte gegen die ganze SPD-Führung um seine Chance. »Die SPD hat kein Programmdefizit«, sagte er im Juni 1993 ausgerechnet in der Hamelner Rattenfängerhalle, »sondern ein Führungsdefizit, und das muß überwunden werden.« Wen allein er für geeignet hielt, das Führungsdefizit zu beheben, konnte sich jeder selbst denken. Doch bei der Kandidatenkür als Parteivorsitzender unterlag Schröder in einer Mitgliederbefragung am 13. Juni seinem ewigen innerparteilichen Kontrahenten Rudolf Scharping, vermutlich weil Heidemarie Wieczorek-Zeul als dritte kandidiert hatte und ihm Stimmen wegnahm. Die Ehefrau des Siegers, Jutta Scharping, sagte damals: »Ich hab' gedacht, das packt er nicht. Der Schröder wirkte irgendwie dynamischer.«
Trotzdem war's nichts mit dem Parteivorsitz, und auch

für die Kanzlerschaft kandidierte Rudolf Scharping dann selbst – und scheiterte. Schröder sagte später, er hätte es damals schon gepackt. Viele schrieben Schröder ab. Die *Süddeutsche Zeitung* mutmaßte ihn 1994 vielleicht sogar bald ganz abseits von der Politik, auf dem »Chefsessel eines Wolfsburger Automobilkonzerns«.

Der Automann schien erst einmal abgemeldet. 1995 glaubte der *Tagesspiegel* noch, Schröder könnte das gleiche Schicksal ereilen wie einst Franz Josef Strauß. Charismatischer als der Konkurrent im eigenen Lager, sich begabter wähnend, immer mit den Hufen scharrend, aber nicht zum Zuge kommend. Schröder bekannte: »Wenn es so bliebe, müßte ich damit zufrieden sein, aber ich wäre es nie ganz.« Auch die *tageszeitung* in Berlin glaubte, daß Schröder ein »Heide-Strauß« bleibe. »Nicht für die große Bühne reicht es bei Gerhard Schröder, sondern nur zum Komparsen beim alljährlichen Sommertheater. Ein tragischer Fall.« Der *Spiegel* verspottete ihn damals nur noch als »Möchtegern-Wirtschaftsminister der Sozialdemokraten«.

Der Alleinherrscher in Hannover konnte alles andere als blühende niedersächsische Landschaften aufweisen. Seine Bilanz war mehr als schlecht. Nachdem die rotgrüne Landesregierung bis 1994 Tausende von Stellen geschaffen hatte, verordnete Schröder unter dem Eindruck eines riesigen Schuldenbergs Stellenstreichungen. Die Bevölkerung verstand den rigorosen Sparkurs nicht, 20 000 Schüler und Eltern hatten gerade samt der Göttinger Professorenschaft gegen Kürzungen bei den Unterrichtsstunden protestiert. Die Opposition übte sich im Aufblasen kleinerer Skandälchen. CDU-Chef Christian Wulff fragte einmal im Landtag nach dem Champagnerkonsum im Gästehaus der Landesregierung in der Lührstraße. Und Landwirtschaftsminister Karl-Heinz Funke sei dabei erwischt worden, als er die Rechnung für eine private Kneipentour an die Staatskasse weiterleiten wollte. Von Schröder selbst ist bekannt, daß er täglich drei, vier Havannas raucht. Wasser predigen, Wein saufen? fragten Opposition und Medien. Der *Rheinische Merkur* titelte: »Keine Chance zum Sprung nach Bonn.« Die Wähler und seine politischen Freunde würden ein Streben nach Bonn wegen der desolaten Situation seines Landes unweigerlich »als Flucht« auslegen.

Ohne großen Einfluß in Bonn verlegte Schröder sein Aktionsfeld auf den Bundesrat, wo die SPD eine klare Mehrheit besaß. Zehn Bundesländer hatten damals einen SPD-Ministerpräsidenten. Einer davon hieß Gerhard Schröder. Weil sich Rudolf Scharping dafür entschied, den Kampf gegen die Regierung im Bundesrat zu führen, blieb ihm diese Bühne erhalten. Und Scharping damit das »Problem Schröder«. Denn ein Ministerpräsident ist in erster Linie seinem Land verpflichtet, nicht der Partei. Loyal für seine Niedersachsen konnte Schröder so Strategie und Politik Scharpings torpedieren. Im Bundesrat konnte sich Schröder als moderner Wirtschaftspolitiker profilieren, ohne dogmatisch an Parteitagsbeschlüsse gebunden zu sein.

Bereits vor Scharpings Amtsantritt als Parteivorsitzender hatte sich Schröder nicht in eine Parteidisziplin einbinden lassen. Schon als Björn Engholm und Oskar Lafontaine 1992 die Parole ausgaben, mit der SPD-Mehrheit im Bundesrat Gesetzesvorhaben der Koalition, insbesondere in Steuerfragen, zu verhindern, war Schröder nicht einverstanden: »Wer glaubt, eine Zentrale der Partei in Bonn könne die Strategie für den Bundesrat festlegen, der irrt.«

»Schröders Popularität zehrt davon, daß er gezielt und sichtbar Politik an seiner Partei vorbei oder auch gegen sie betreibt, um seine Unabhängigkeit von engen Parteidogmen zur Schau zu stellen«, urteilte Franz Walter damals in der *Politischen Vierteljahresschrift.* »Das kommt gut an und bringt hohe Sympathiewerte in der Bevölkerung.«

Die Partei aber mochte ihn noch immer nicht. Trotzdem machte Oskar Lafontaine nach Scharpings Scheitern den Niedersachsen wieder zum wirtschaftspolitischen Sprecher. Doch dann, als Schröder längst eine Alternative für die Kanzlerkandidatur geworden war, kam der nächste Tiefschlag – diesmal im privaten Bereich. 1996, nach der Trennung von seiner Frau Hillu, gaben selbst Parteifreunde keinen Pfifferling mehr auf Schröder. »Er wird es nicht mehr packen. Er wird es in der Partei nicht packen. Und er würde es auch im Volk nicht packen.« Schröder sei »unten durch«. Der *Spiegel* meinte, ein sozialdemokratischer Kanzlerkandidat Schröder werde »auf absehbare Zeit ohnehin nicht benötigt, sondern eher ein Vize als Partner in einer Großen Koalition«. Doch das Volk interessierte sich zwar für die kleine Schlammschlacht in den Medien, aber Kratzer bekam der Kandidat keine ab.

**»Er wird es nicht mehr packen.
Er wird es in der Partei nicht packen.
Und er würde es auch im
Volk nicht packen.«**

Hiltrud Schröder, Exehefrau von
Gerhard Schröder, nach der Trennung 1996

Im Gegenteil: 1997 kippte die Stimmung in den Umfragen zugunsten Schröders. Der Niedersachse ritt »auf der Woge der Sympathie«. Würde der Kanzler direkt gewählt, bekäme er 46, Helmut Kohl nur 40 Prozent, ermittelte das *ZDF*. Im Auftrag der *Zeit* kam Infratest Burke Berlin im April 1997 sogar auf eine 63prozentige Siegchance für Schröder gegen Kohl, für Lafontaine stimmten nur 22 Prozent. Im Vergleich mit Kohl und dem SPD-Vorsitzenden erhielt Schröder beim wirtschaftlichen Sachverstand und bei den Sympathiewerten die besten Noten. Lafontaine wurde bescheinigt, am meisten um sozialen Ausgleich bemüht zu sein. Kohl dagegen, befand die Mehrheit der 1013 Befragten, sei die stärkste Führungsperson und habe die größere politische Weitsicht. Deutschland in eine gesicherte Zukunft zu führen trauten 31 Prozent Helmut Kohl zu, aber mit 25 Prozent hatte Schröder die zweitbesten Werte. Unter den SPD-Wählern war die Zuversicht unter einem Kanzler Schröder am größten: 42 Prozent.
Auch in der SPD kippte die Stimmung, wenn auch zunächst nur »unten«. Während die *FAZ* es im Juli 1997 noch für wahrscheinlich hielt, »daß die Parteibasis sich für Lafontaine und nicht für Schröder entscheide«,

ergab eine Emnid-Umfrage ganz andere Ergebnisse: Schröder wollten danach unter SPD-Mitgliedern 69 Prozent, Lafontaine nur 27. Die Basis hielt Schröder für kompetenter, reformfreudiger, sympathischer, durchsetzungsstärker, vertrauenswürdiger und für gesünder.
Sogar in Nordrhein-Westfalen, wo ihm bis dahin immer Gegenwind ins Gesicht blies, wurde er nun gehätschelt. Bodo Hombach, einer der führenden Sozialdemokraten in NRW und Schröders späterer Wahlkampfmanager, wußte auch, warum: »Ökonomie und Arbeit driften heute dramatisch auseinander. Jetzt erinnert man sich, daß Schröder bereits zu einer Zeit kraftvoll für Arbeitsplätze stritt, als es dafür noch kritische Breitseiten gab. Er hat das durchgestanden. Jemand, der steht, kommt im Ruhrgebiet an«, sagte Hombach der Zeitung. »Wer seine Meinung auch bei Gegenwind bewahrt, ist ein ›Anti-Opportunist‹.«
Dennoch: Die Programme und Leitanträge in der Partei entwickelten und schrieben andere, allen voran Oskar Lafontaine. Er galt und gilt als Vordenker, Schröder dagegen nannte man in der Öffentlichkeit schon früh einen »Staatsmann«. Die *tageszeitung* sah die SPD unter Parteichef Lafontaine im März 1997 wieder als linke Volkspartei auferstanden. Beim Spitzensteuersatz, beim Euro, bei der Forderung einer Erhöhung der Energiesteuern als Einstieg in die Ökologische Steuerreform – bei allen relevanten Themen schien sich Lafontaine durchgesetzt zu haben. »Dahinter verblaßt Schröders Profil«, meinte die *taz.* »Lafontaine hat Schröder degradiert.«
In der SPD-Spitze hatte Lafontaine ebenfalls mehr

Freunde, und auch in der Öffentlichkeit wurden seine Wahlchancen 1997 kontinuierlich besser eingestuft – wenn auch Schröders Werte die seinen stets übertrafen. Im Machtkampf um die Kanzlerkandidatur, meinte angesichts der SPD-Hausmacht des Saarländers noch im November 1997 die *Süddeutsche Zeitung*, »scheint die Zeit für Oskar Lafontaine zu arbeiten«. Nicht nur, daß die Internet-Homepage der Partei statt des Fotos mit der Doppelspitze nur noch den Vorsitzenden zeigte. Es war schon so, daß fast das gesamte Präsidium Lafontaine näherstand. Johannes Raus gestörtes Verhältnis zu Schröder war bekannt, daß Rudolf Scharping nicht viel von Schröder hielt, ebenso. Auch Wolfgang Thierse und Heidemarie Wieczorek-Zeul wollten Lafontaine, nur Bundesgeschäftsführer Franz Müntefering sei schwer zu durchschauen, meinte Günter Bannas in der *Süddeutschen Zeitung*. Schröders Berater Bodo Hombach gab zu: »Die Dinge laufen schlecht«, und Schröder könne sich nur noch mit einem Zugewinn bei den Landtagswahlen durchsetzen, damit die Partei »nicht mehr um ihn herumkommt«.

Im Dezember war zumindest ein Mitglied des erweiterten Parteivorstands eindeutig für Schröder – er selbst. Die Partei wählte ihn auf dem Parteitag in Hannover schon im ersten Wahlgang auf einen der 37 Plätze. Doch noch dreieinhalb Wochen vor der Wahl in Niedersachsen sah Lafontaine wie der Kanzlerkandidat aus – jedenfalls für den *Tagesspiegel*. »Die Schlacht scheint geschlagen«, und zwar zugunsten Lafontaines. »Wer weder die Partei hinter sich hat noch Umfragen, die ihn allein als den ausweisen, der den Kanzler schlagen

kann, der braucht kein gutes, sondern ein bombiges Wahlergebnis, also Stimmenzugewinne.«
Es wurde das »bombige Ergebnis«, und die Meinungsforscher meldeten daraufhin »Traumwerte« für Gerhard Schröder.

Schröder, die SPD und Willys Enkel

Hans-Peter Bartels hat in der *Neuen Gesellschaft/Frankfurter Hefte* Willys Enkel beschrieben als den Typ des »sympathischen Apparatschiks, des chaotischen Parteibürokraten«. Der »umgibt sich nicht mit Aktenordnern und Gummibäumen, er gibt sich modern, unkonventionell, bricht jede Woche noch ein Tabu, ist selbstbewußt, kann unabhängig von Details Entscheidungen treffen, trinkt beim Kungeln eher Wein (›einen guten‹) statt Bier und beginnt seine strategischen Gedanken oft mit einem repressiv-toleranten: ›Ich sag' mal ...‹«
Auch »Enkel« Schröder ist keiner, der auf Konventionen steht. Schon als Bundestagsabgeordneter hatte er sich geweigert, während seiner ersten Rede – es ging um Jugendprotest und Hausbesetzer – eine Krawatte umzubinden. Abgeordnete der Union tobten: »Hat der denn keine Krawatte?« Schröder sagte daraufhin: »Sehen Sie, genau diese Frage hatte ich erwartet, nicht, weil ich keine habe, sondern weil diese Frage ... die Jugendlichen, über die Sie nur reden, mit Sicherheit nicht verstehen.« Auch in der niedersächsischen Staatskanzlei liefen die Mitarbeiter folglich nicht im Anzug, son-

dern in Jeans und Karohemd herum. Der Chef hatte nichts dagegen, man duzte sich mit ihm, wie das unter Genossen ohnehin üblich ist. Doch im Machtkampf innerhalb und außerhalb der Partei ist Schröder knallhart. Vielleicht liegt es an den Erfahrungen, die er im Leben gemacht hat, und daran, daß er es nicht leicht hatte, sich durchzusetzen.

Seine Mutter, die er Löwe nennt, weil sie weitgehend allein ihre Kinder großzog, nannte ihren Sohn Acker, weil er soviel »ackerte«. Als Volksschüler schuftete er nachmittags für ein Taschengeld beim Bauern, dann als Einzelhandelslehrling, am Wochenende auf dem Sportplatz des Fußballvereins TuS Talle und schließlich als Abendschul-Abiturient. Beim Lehrherrn habe er gesehen, »was es heißt, getreten zu werden«. Seine Ellbogen hätten aus dieser Zeit Hornhäute, sagte Schröder einmal, er habe gelernt, die Fäuste zu ballen. »Wenn ich zurückblicke, will ich eine Spur von mir sehen.«

Keiner, heißt es, habe auf seinem Weg so viele Freunde verloren wie Gerhard Schröder. Er gilt als der »politische Schurke der Nation«, einer, der den Rivalen gern ein Bein stellt und an Stühlen sägt. Seine Bündnispartner suchte er sich nie nach deren Standort aus, sondern nahm sie da, wo er sie bekommen konnte. Juso-Chef wurde er mit Hilfe der Stamokap-Fraktion, in den Sattel des Kandidaten für das Ministerpräsidentenamt in Niedersachsen hoben ihn die Parteirechten um Fraktionsvize Johann Bruns, den er zum Dank zum Landesvorsitzenden machte und dann wiederum zwei Jahre später fallenließ. Seine Kandidatur zum Bundesvorsitzenden 1993 sollten wiederum die Parteilinken unterstützen, rechts war eine Bank für Scharping. Doch da machte ihm die »rote Heide« Wieczorek-Zeul einen Strich durch die Rechnung.

Schröder ließ kaum eine Gelegenheit aus, um die Genossen gegen sich aufzubringen. Etwa Johannes Rau. »Mit diesem Kanzlerkandidaten gibt es nur eine Linie: Augen zu und durch«, hatte Schröder 1987 hören lassen. Kaum hatte Rau die Wahl gegen Helmut Kohl verloren, schon benannte Schröder »Willy-Enkel« Oskar Lafontaine als den kommenden Mann. Seither hatte Schröder schlechte Karten bei der nordrhein-westfälischen SPD. Umweltminister Klaus Matthiesen nannte ihn einmal »das persönliche und politische Risiko«. Johannes Rau und Wolfgang Clement rührten 1993 bei der Urwahl für den Parteivorsitz die Trommel für Scharping, auch Bodo Hombach hat als Wahlkampfmanager von Johannes Rau gegen Schröder geackert, weil Schröder nach dem Rücktritt Engholms seinen Hut zu früh in den Ring geworfen hatte.

Oskar Lafontaine hatte dies 1988 vermieden, als er sich weigerte, die Nachfolge von Willy Brandt als Vorsitzender zu übernehmen, der zurückgetreten war, nachdem er Margarita Mathiopoulos nicht als Parteisprecherin hatte durchsetzen können. Schröder hielt Lafontaines Zaudern und Ablehnung damals für falsch, für ihn war Oskar Lafontaine der einzige, den er in der Partei als Autorität anzuerkennen bereit war. Nach dem Sturz Engholms blieb Lafontaine sich treu und machte deutlich, mit Schröder nicht zusammenarbeiten zu können und zu wollen. Erst lange nach dem Fall Scharpings fanden die beiden zu einem Zweckbündnis zusammen.

Seither arbeiteten zwei Machtmenschen gemeinsam auf ein Ziel hin: die Ablösung Helmut Kohls im Kanzleramt. Daß sie die Spannungen aushielten, muß im nachhinein am meisten verwundern. Vielleicht ist doch etwas dran, wenn gesagt wird, Schröder wisse auch sehr genau, wann Grenzen erreicht sind: »Wenn Wehner schreit, Schmidt droht und Brandt bittet«, dann wußte Juso Schröder, daß jetzt Schluß sein mußte mit der Brüskierung der Partei. »Linker Staatsmann« nannten ihn seine Juso-Gefährten damals.

»In dieser schwierigen Lage wird einer gebraucht, der nicht in die Schlacht getragen werden muß, einer, der anpackt und nach vorne zeigt.«

Hermann Rappe, IG-Chemie-Papier-Keramik-Chef, nach dem Rücktritt von Björn Engholm und Schröders voreiliger öffentlicher »Bewerbung«, 1993

Als Björn Engholm zurücktrat, schrie, drohte und bat keiner, aber es war auch keiner da, der sofort sagte: Ich mach's. Außer Schröder. Nur IG-Chemie-Chef Rappe lobte ihn dafür: »In dieser schwierigen Lage wird einer gebraucht, der nicht in die Schlacht getragen werden muß, einer, der anpackt und nach vorne zeigt.« Schröder selbst meinte: »Es ist doch keine Schande, wenn man für sich selbst redet.« Die *FAZ* aber konstatierte mit den meisten Genossen einen »notorischen Mangel

an Solidarität«, der sich schon gegenüber Helmut Schmidt gezeigt habe. Damit war Schröders Ablehnung des Nato-Nachrüstungsbeschlusses gemeint.
Daß Schröder 1995 bei den Energiekonsensgesprächen die Steinkohleförderung als »vorgestrig« bezeichnet hatte und vorschlug, die Kohlesubventionen von sieben Milliarden Mark auf 4,2 Milliarden Mark bis zum Jahr 2000 zu kürzen, hat den NRW-Politikern sicher nicht gefallen. Schließlich ging es um 250 000 Arbeitsplätze im Revier und weitere im Saarland. Zwei Jahre später, nachdem sich Gerhard Schröder sehr um die Genossen im Westen bemüht hatte, sprach die *Welt* von einer »auch persönlich fest geschmiedeten Achse Schröder-Clement-Hombach«.
Wenigstens diese Front war damit befriedet. Andere blieben krisenanfällig: Bei der Demontage von Scharping spielte Schröder wieder seine Rolle. Mit Scharping verbindet Schröder eine Dauerfehde. Schon als dieser Parteichef und Kanzlerkandidat wurde, sprachen die Umfragen für Gerhard Schröder. Doch innerhalb der Partei schien es Rudolf Scharping zu gelingen, sich einen Machtapparat aufzubauen. Anfang 1995 meinte Fraktionsgeschäftsführer Peter Struck: »Wenn jemand in absehbarer Zeit in der SPD die Chance hat, Kanzler zu werden, dann gibt es nur einen: Das ist Scharping. Das habe ich Schröder schon fünfmal erzählt«, sagte Struck der *Welt*, »aber der glaubt das nicht.«
Spätestens im Sommer 1995 war das Verhältnis zwischen Scharping und Schröder irreparabel gestört. Nach Schröders Interview mit der *Woche* entzog Scharping seinem Kontrahenten die Aufgabe des Wirtschaftsspre-

chers der Partei. Der *Rheinische Merkur* sprach von einer »Entmachtung«, Schröders Kanzlerkandidatur sei »in weite Ferne gerückt«.

»Der Schröder wirkte irgendwie dynamischer.«

Jutta Scharping, nachdem ihr Mann Rudolf Scharping sich als Kanzlerkandidat gegen Schröder durchgesetzt hatte, 1993

Kurz nach seiner Abberufung als wirtschaftspolitischer Sprecher der SPD griff Schröder im *Stern* Geschäftsführer Peter Struck an, dem er vorwarf, »ein Kartell der Mittelmäßigkeit« zu repräsentieren, das auch Scharping schade. Struck habe »noch nie einen Wahlkreis gewonnen« und habe »bei mir nicht Finanzminister« sein dürfen. Struck meinte, Schröder sei wohl zur Zeit etwas verwirrt und habe nicht überlegt, bevor er gesprochen habe. Im gleichen Interview griff Schröder auch den damaligen SPD-Vorsitzenden Scharping an, der keinerlei Risikobereitschaft zeige, sondern jede Aktion durch Beschlüsse der Gremien absichere. Politik und Programminhalte transportierten aber keine Gremien, sondern Personen. Es komme auch darauf an, »wie man sie verkauft«. Scharping reichte später in Bonn Grafiken herum, die Niedersachsens mehr als schlechte Finanzdaten deutlich machten.

Wer austeilt, muß auch einstecken. Und Schröder steckte ein: 1986, als er Niedersachsens Ministerpräsident Ernst Albrecht knapp unterlegen war, wollten ihn drei

Fraktionsmitglieder nicht als Oppositionsführer bestätigen. Offenbar waren einige Genossen noch böse darüber, wie Schröder seine Spitzenkandidatur durchgesetzt hatte. Beim Mißtrauensvotum gegen Ernst Albrecht schlugen sich sogar ein paar SPD-Abgeordnete in geheimer Abstimmung auf die Seite des CDU-Ministerpräsidenten. Der Parteiaustritt des SPD-Abgeordneten Oswald Hoch sicherte Albrecht die Ein-Stimmen-Mehrheit, die der niedersächsische Ministerpräsident durch den Übertritt des Republikaners Kurt Vajen zur SPD schon verloren zu haben glaubte.

Daß er nicht Engholms Nachfolger werden durfte und später als wirtschaftspolitischer Sprecher der Partei entmachtet wurde – das waren Niederlagen für Gerhard Schröder. Und da müssen Narben geblieben sein. Insbesondere das Verhältnis zu Scharping scheint nachhaltig gestört zu sein. Horst-Eberhard Richter empfahl nach dem Sommertheater 1995 eine Aussprache. Die *FAZ* nannte das Verhältnis der beiden »zerrüttet«. Gerhard Schröder meinte dazu lakonisch: »Scharping ist jemand, dessen professionelle Arbeit ich respektiere, aber das war's dann auch.«

Auch die ostdeutschen Sozialdemokraten mochten Schröder 1993 nicht unterstützen, war er doch der deutschen Einheit reserviert gegenübergetreten. Als am 9. Juni 1990 über den Vertrag zur Währungs-, Wirtschafts- und Sozialunion abgestimmt wurde, verweigerten zwei Ministerpräsidenten ihre Zustimmung: Oskar Lafontaine und Gerhard Schröder. Die Wiedervereinigung sei »eine Lebenslüge«, hatte Schröder noch kurz vor dem Mauerfall betont. Im Bundesrat sagte er am

22. Juni 1990 dann, es sei eine Legende zu behaupten, daß jeder, der vor den Ereignissen im November 1989 von einer Zweistaatlichkeit auf Dauer oder auf absehbare Zeit ausgegangen sei, gegen die Einheit gewesen sei. Diese Legende, warnte er schon damals, könnte in der Zukunft zu Wahlkampfzwecken mißbraucht werden. »Das ist deshalb eine Legende, weil ich zu denjenigen gehört habe – ich frage mich, ob andere in nennenswerter Zahl, wenn sie ehrlich sind, dies anders analysiert haben –, die für ihr politisches Leben davon ausgingen, daß es bei einer Zweistaatlichkeit bleiben würde, weil ich mir die revolutionären Veränderungen in Osteuropa weder so vorgestellt noch die Phantasie aufgebracht habe, um sie mir so vorstellen zu können.«
Natürlich hatte die Stimme Schröders gegen den Staatsvertrag nichts damit zu tun, daß er gegen die Einheit gewesen wäre. Es gab Vorbehalte, die auch der Ausschuß für Innerdeutsche Beziehungen im Bundesrat formulierte: Die Länder beklagten sich darüber, daß sie viel zu spät Einsicht in den Vertragsentwurf hatten nehmen dürfen. Das sei »ein Verstoß gegen das föderative Prinzip des Grundgesetzes«. Die Länder warnten vor einer zu abrupten Einführung der Mark und vor den sozialen Folgen der geplanten Währungs- und Wirtschaftsunion. Die Mängel des Vertrages seien darauf zurückzuführen, daß die Bundesregierung »den Einigungsprozeß im Alleingang ohne den Konsens mit allen demokratischen Kräften« voranzutreiben versucht habe.
Schröder begründete das Nein Niedersachsens außerdem damit, daß der Staatsvertrag ein Endlager für schwach- und mittelradioaktiven Müll ganz nahe bei

Helmstedt, also ganz nahe an Niedersachsen, genehmigte. Ihn störte, daß die gemeinsame Verfassung nicht dem Volk zur Abstimmung vorgelegt werde – bevor es zu gesamtdeutschen Wahlen komme. Und er sprach auch für die Ostdeutschen, weil denen gar nichts anderes übriggelassen werde als der »Beitritt« und die Übernahme des Grundgesetzes nach Artikel 23. In einer Regierungserklärung zum Einigungsvertrag verwies er im September 1990 darauf, daß es ihm nicht darauf ankomme, die Vereinigung als juristischen Prozeß abzuschließen, sondern daß die Menschen an der »Gleichartigkeit der Lebensverhältnisse in Deutschland« interessiert seien, an »sozial gerechten Lebensbedingungen«. »Wie schaffen wir es, daß die Lasten, die hier zu erbringen sind, wirklich sozial gerecht verteilt werden?« Schröder erklärte im Namen seiner rot-grünen Regierung in aller Deutlichkeit: »Diese Koalition wird es nicht zulassen, daß über alle berechtigte Sorge um die Perspektive in der DDR, daß über all dem, was uns da besorgt und wo wir helfen, die soziale Not, die es in unserem Lande gibt, vergessen wird.« Es gebe »gewaltige Aufgaben bei der Beseitigung des Pflegenotstandes, bei der Beseitigung des Lehrermangels, bei der Erkämpfung der Lernmittelfreiheit. Diese Aufgaben müssen gelöst werden, unabhängig davon, was wir darüber hinaus in der DDR leisten wollen und zu leisten imstande sind.« Daß die Bundesregierung versuche, Fakten zu schaffen, denen die Opposition bei Strafe einer Diffamierung als vaterlandslose Gesellen nur noch zustimmen kann, nannte er »autoritären Dezisionismus«. Erst die Änderung der Mehrheitsverhältnisse im Bundesrat nach dem

Wahlergebnis in Niedersachsen habe die Regierung Kohl dazu gebracht, Verbesserungen im Einigungsvertrag vorzunehmen. Schröder nannte die Regelungen zum Schwangerschaftsabbruch und die Durchsetzung des Prinzips »Entschädigung vor Rückgabe«, mit dem Schröder zwar Investitionssicherheit schaffen wollte, das aber später vom Verfassungsgericht korrigiert werden sollte. Auch die Fristenlösung ohne Zwangsberatung scheiterte später.

Die Gefahr, daß die Aufbauverpflichtungen im Osten in erster Linie die sozial schwachen Westdeutschen bezahlen müssen, sah Schröder frühzeitig und in der Erwartung, wie sich das ausprägen werde, durchaus treffend: »Wir müssen verhindern«, hatte er schon im Januar 1990 dem *Kölner Express* gesagt, »daß DDR-Bürger über Gebühr Leistungen in Anspruch nehmen, für die Bundesbürger Beiträge geleistet haben, also z. B. Renten- und Arbeitslosenversicherung.« Das war durchaus weitsichtig, denn in der Folge finanzierte die Bundesregierung die Kosten der Einheit mittels der Solidarkassen. Diese sind dadurch fast gesprengt worden, was zu ständigen Beitragserhöhungen führte. Wenig später sagte er der *Hannoverschen Neuen Presse*: »DDR-Bürger müssen sich für den Aufbau selbst krummlegen.«

Arbeitsplätze im Osten, hatte Schröder außerdem erklärt, dürften nicht auf Kosten von Jobs im Westen gehen. Schröder paßte die ganze Richtung nicht, die Verteilung der Kosten der Einheit erschien ihm ungerecht. Gerhard Schröder hat schon 1992 ausgesprochen, was viele im Westen dachten: »Der Westen hat die Schnauze voll, immer mehr Geld nach Osten zu schieben.«

Möglicherweise hat er damit Menschen in den neuen Bundesländern vergrätzt. Dem *Spiegel* sagte er, warum er nicht einverstanden war: »Ich möchte gern wissen, welche Straßen, welche Krankenhäuser, welche Hochschuleinrichtungen in welchem Zeitraum an welchem Ort im Osten gebaut werden müssen und was dafür im Westen hintangestellt werden soll.« Wenn man bedenkt, wie viele Millionen in den folgenden Jahren in dunklen Kanälen verschwunden sind, war auch das durchaus weitsichtig und verantwortungsbewußt. Die deutsche Einheit werde derzeit »viel zu sehr finanziert von den kleinen Leuten im Westen«. Den Menschen im Osten müsse man offen sagen, daß es eher 15 oder 20 Jahre dauert, bis Weststandard erreicht ist. Sein Plädoyer: »Sagt die Wahrheit, versprecht weniger, verlangt, daß mehr eigene Anstrengungen im Osten erforderlich sein werden.«

Helmut Kohl nutzte die damaligen Vorbehalte Schröders gegen die Modalitäten der Wiedervereinigung tatsächlich im Wahlkampf aus. »Herr Schröder, wo waren Sie 1989, als es darum ging, die deutsche Einheit zu schaffen? Da haben Sie, genauso wie der Herr Lafontaine, gekniffen!« Diesen Populismus allerdings konnte Schröder leicht und genauso populistisch mit dem Hinweis auf die damals versprochenen blühenden Landschaften entkräften. Die Mauer wollte schließlich auch die SPD nicht erhalten, nur statt des Anschlusses eine langsame, durchdachtere Wiedervereinigung. »Unhaltbare Versprechen«, sagte Schröder immer wieder, werde es mit der SPD nicht geben.

Versprochen hat Schröder dann doch etwas: Anläßlich

eines Treffens mit dem Beirat des Forums Ostdeutschland erklärte der Kanzlerkandidat: »Die Schaffung neuer wettbewerbsfähiger Arbeitsplätze steht im Mittelpunkt sozialdemokratischer Politik. Dies gilt insbesondere in Ostdeutschland ...« Er werde mit der SPD »eine solidarische Politik für Ostdeutschland und mit Ostdeutschland im Interesse des gesamten Landes verfolgen«. Seine Zusage: »Eine Kürzung der Hilfen für Ostdeutschland wird es nicht geben.« Im Gegensatz zur FDP hielten die Sozialdemokraten immer am Solidarzuschlag fest. Der Aufbau Ost, hieß es, »darf nicht zur Reservekasse des Bundesfinanzministers werden, aus dem die Defizite des Bundeshaushalts gedeckt werden«. Auch den Länderfinanzausgleich, der zu 86 Prozent in den Osten fließt, den aber die heute reichen Bundesländer Bayern und Baden-Württemberg antasten wollten, will die SPD mit Gerhard Schröder beibehalten.
Heute will der neue Kanzler den Aufbau Ost zur Chefsache machen. Er wird im Kanzleramt eine Zentralstelle »Zukunft Ost« mit Kabinettsrang einrichten. Seither und mit Schröders Popularitätshoch zeigten sich auch die SPD-Landeschefs aus dem Osten wieder gern mit Gerhard Schröder. Sogar Wolfgang Thierse fand die Worte, es sei gut, wenn der Kanzler seine Autorität für den Osten einsetze, weil sich »die Konflikte um den Aufbau Ost noch mal verschärfen werden«.
Der gesamte links-ökologische Flügel der Partei hat erhebliche Schwierigkeiten mit Schröder. Den Umweltsprecher der Partei, Michael Müller, scheint Schröder nicht sehr ernst zu nehmen. Der solle erst einmal die Realitäten zur Kenntnis nehmen, blaffte Schröder

den Genossen wegen dessen Hartnäckigkeit bei sozial- und umweltpolitischen Fragen an. Müller hatte dies zweifellos immer wieder getan, allerdings in einem anderen Sinne als der Automann Schröder. Zusammen mit seinen Mitstreitern vom Frankfurter Kreis forderte Müller in einem Positionspapier eine Erneuerung der sozialen Demokratie. Die Politik sei im Zeitalter der Globalisierung in einem besorgniserregenden Zustand. »Mutlos, gefangen im Kleinklein eines perspektivlosen Pragmatismus. Immer häufiger ausgerichtet auf eine Klientel- und Strömungspolitik. Statt Problemlösungen herrschen Problemverschiebungen vor. Die Inszenierung des Scheins einer Als-ob-Politik. Doch Anpassung, Mutlosigkeit oder symbolische Aktivitäten sind nur der Verzicht auf Politik.« Aufgabe der Sozialdemokratie sei die »Wiederherstellung der Politik« durch handlungsfähige Institutionen und »konkrete soziale und ökologische Visionen«.

»Diese Lichtgestalt.«

Helmut Kohl, im Wahlkampf 1998

Statt Politik aber habe sich in der Bundesrepublik »eine mediale Autokratie herausgebildet, bei der die Person und ihre Formulierungs- und Darstellungskunst alles ist, Inhalte aber beliebig werden und kaum noch zählen. Die Union ist zu Kohl geworden, Joschka Fischer zum Großmeister der Selbstdarstellung. Mit dem ›Autohügel‹ versuchen die Ministerpräsidenten Schröder, Stoiber

und Teufel den Eindruck entschlossener Macher zu erzeugen, obwohl sie dafür gar keine Kompetenz haben.« Das sei »selbsterzeugte Wichtigkeit«. Programme würden in solchen Runden mißachtet, das Parlament zu einem einflußlosen Abstimmungsgremium demontiert. Und Politik erleide einen weiteren Glaubwürdigkeits- und Ansehensverlust. Politik brauche aber »eine überzeugende inhaltliche und personelle Erneuerungsperspektive«. Daß Schröder diese für die Parteilinken nicht sei, war damit zweifellos gesagt.
Wachstum sei aufgrund der ökologischen Grenzen auf unserer enger werdenden Welt nicht mehr wie bisher gleichbedeutend mit der Hoffnung auf Fortschritt und Gerechtigkeit. Das verlange eine »Unterordnung der Ökonomie unter soziale Ziele«. Aufgabe der Sozialdemokratie sei es, sich nicht den Zwängen einer entfesselten Welt zu beugen, sondern den »haltlosen Versprechen des Neoliberalismus« Widerstand entgegenzusetzen. »Der Öko-Deal, die zeitgemäße Weiterentwicklung des New Deal, ist eine große Chance zur sozialen und ökologischen Modernisierung der Gesellschaft. Der Sozialdemokratie kommt dabei die Schlüsselrolle zu.«
Auch die stellvertretende Fraktionsvorsitzende der Partei, Ingrid Matthäus-Maier, schlug sich gegen alle Stillhalteabkommen vor der Wahl auf Lafontaines Seite. Die SPD brauche einen Kanzlerkandidaten, der »die Positionen der SPD gut rüberbringt«, also »gegen den Eurofighter, für Ökologische Steuerreform und für den Euro« eintrete. Noch im Februar 1998 hätten von den 45 Präsidiumsmitgliedern der Partei mindestens 35 für Lafontaine plädiert.

Die Partei verzeiht Eigensinn nicht. Franz Walter hatte in der *Politischen Vierteljahresschrift* schon 1995 dieses Problem Schröders angesprochen: »Die sozialdemokratische Parteitags- und Gremienelite hat Politikern wie Schröder, Schmidt und Schiller immer mißtraut, trotz oder gerade wegen ihrer Erfolge. Der Delegiertenkörper der Partei läßt Abweichungen – ob politische oder habituelle – von der Parteilinie nicht zu. Die Eigenwelt der Organisation und die kanonisierte Idee des demokratischen Sozialismus wiegen im Zweifelsfalle schwerer als der Erfolg bei den Wählern.«
Auch wenn die Taktik mit der Doppelspitze funktionierte – Schröder hätte sich ohne das klare Niedersachsen-»Plebiszit« innerhalb der Partei wohl kaum durchgesetzt. Noch unmittelbar vor der Niedersachsenwahl 1998 trat Wolfgang Thierse erneut mit einem Papier an die Öffentlichkeit, in dem er zusammen mit Manfred Müller und dem Bonner Fraktionsvize Ottmar Schreiner sowie den Abgeordneten Gernot Erler, Eckart Kuhlwein, Detlev von Larcher (der hatte schon 1970 gegen Schröder geputscht, als er in Göttingen Juso-Vorsitzender war) und Ludwig Stiegler vor einem »personalisierten Wahlkampf« und einer »Anpassung an Stimmungen« warnte. »Wenn bei der Frage nach dem bevorzugten Kandidaten ein hoher Anteil für einen konservativen Sozialdemokraten votiert, ist das angesichts des weltanschaulichen Querschnitts der Bevölkerung folgerichtig, aber noch lange keine Unterstützung, geschweige denn Stimme für die SPD.« Thierse: »Ein Kandidat kann die politische Botschaft nicht ersetzen.« Sozialdemokratische Politik bedeute Sicherheit, Gerechtigkeit, Fort-

schritt, Freiheit, Demokratie und Gemeinsinn, Deutschland und Europa sollten mit der SPD ein soziales und ökologisches Gegenmodell zum »entfesselten Kapitalismus« werden. Eine Megabotschaft wurde verlangt, offenkundig gegen die monatelange Praxis der Parteiführung, mit dem Geheimnis um die Kandidatenkür inhaltliche Auseinandersetzungen zuzukleben. Die Botschaft sollte nach dem Willen der Parteilinken lauten: »Mehr Demokratie und Freiheit wagen.«

Auch die Jugendorganisation ist kein Fanclub Gerhard Schröders. Den Kontakt zu den Jusos hält nicht er. Oskar Lafontaine ist es, der auf Kongressen redet und die Jungsozialisten auf Kurs hält. Die Jungen hatten auf Lafontaine gesetzt. Um so enttäuschter waren sie nach der Niedersachsenwahl. Schon bei 45 oder 46 Prozent für Schröder, so meinte die Juso-Vorsitzende Andrea Nahles nach der Niedersachsenwahl, wäre es schwer geworden, Schröder noch zu verhindern. Aber nun – dieses Ergebnis sei »absolut erschlagend«. Immerhin, erklärte sie später, wollten die Jusos Schröder eine »Grundsolidarität« entgegenbringen und ihm einen »Vertrauensvorschuß« gewähren. Das Wahlprogramm nannte sie allerdings »floskelhaft«, Schröders Programm sei ein »Fisch ohne Gräten«, SPD-Vorstandsmitglied und Jungsozialist Benjamin Mikfeld sprach von »semantischer Akrobatik«.

Die SPD hat ein Jugendproblem. Nur noch fünf Prozent der SPD-Mitglieder sind zwischen 16 und 25 Jahre alt, insgesamt aber 17 Prozent der Deutschen. Gerhard Schröder wird es mit seinen Inhalten nicht lösen können. Die Jusos stören sich an Schröders Marsch zur Mit-

te. Statt überall Konsens zu suchen, verlangte der Parteinachwuchs, was Schröder umzusetzen nicht bereit sein wird: ein klares Bekenntnis zur Arbeitszeitverkürzung, ein umfassendes Öko-Programm, eine Verteilungspolitik von oben nach unten, eine Ausbildungsumlage und die Einführung einer sozialen Grundsicherung. Zur Finanzierung von Beschäftigung müsse man notfalls auch höhere Schulden machen.
All das sieht das Wahlprogramm nicht vor. Und in den Vorstellungen des Bundeskanzlers findet es sich auch nicht. So scheint die Parteilinke bei Gerhard Schröder auf absehbare Zeit aufs Abstellgleis abgeschoben zu sein. Die innerparteiliche Konfliktdemokratie wurde unter dem Parteivorsitz von Oskar Lafontaine entschieden diszipliniert. Das alte Schmähwort von der »Konsensdiktatur«, schon 1993 vom Bundestagsabgeordneten Hermann Scheer gebraucht, erlebte unter der Doppelspitze eine Wiedergeburt.
Die SPD hat sich trotz mancher Vorbehalte gegenüber ihrem Kandidaten im Wahlkampf geschlossen gezeigt. Dennoch weiß Gerhard Schröder, daß er nicht nur Freunde hat und daß nicht alle Gefolgsleute seine Positionen mittragen. Ein Bundeskanzler macht aber die Politik nicht allein, auch wenn Artikel 65 des Grundgesetzes besagt: »Der Bundeskanzler bestimmt die Richtlinien der Politik und trägt dafür die Verantwortung.« Er braucht die Unterstützung von Partei und Fraktion sowie loyale Minister. Denn: »Innerhalb dieser Richtlinien leitet jeder Bundesminister seinen Geschäftsbereich selbständig und unter eigener Verantwortung.« Bei Meinungsverschiedenheiten unter Ministern entscheidet

die Bundesregierung. Interessant zu beobachten wird sein, ob Schröder auch in seiner Regierungsmannschaft die »flachen Hierarchien« pflegen wird, die er in Wirtschaft und Verwaltung einfordert.
Doch schon vor der Wahl zeigte sich, wo – jenseits von Koalitionspartnern – weitere Bruchstellen liegen könnten: Nach Schröders Sieg in Niedersachsen nutzte Oskar Lafontaine den Juso-Kongreß in Essen, um klarzustellen, wer seiner Meinung nach die Richtlinien bestimme: Lenker bei der Kursbestimmung der Partei bleibe er. »Als Parteivorsitzender habe ich einen klaren Auftrag«, stellte Lafontaine fest. Dazu gehörten die Vorgaben für die Arbeit einer SPD-Regierung. Von Lafontaine stammt auch das Wort, »der Gerhard« lege zwar gern Feuer an die Lunte, aber er sei es, der bestimme, »welche Kugel ins Rohr kommt«.

»Zu glauben, unter Rot-Grün gäbe es eine Ausländerpolitik, die sich rechts von Kanther bewegt, ist ein Wunschtraum.«

Jürgen Trittin, Vorstandssprecher Bündnis 90/Die Grünen, 1997

Spannend wird deshalb auch werden, wie sich die beiden unterschiedlichen Programme von Schröder und Lafontaine in realer Regierungspolitik niederschlagen werden. Ihre Art, Politik zu machen, ist in der Tat ähnlich. Aber »die inhaltlichen Differenzen« zwischen ihm

und Lafontaine sind alles andere als »marginal«, wie Schröder zuletzt stets behauptete.
Auf dem Parteitag in Leipzig stellte Gerhard Schröder, wissend um die brüchige Einheit der Partei, ein Wort Willy Brandts in den Raum, das für die Partei auch in seinem Fall bindend sein sollte: »Ich weiß, daß ich mit eurer Zustimmung der Kandidat der ganzen Partei bin. Aber ihr wißt auch, daß ich kandidiere für ein Amt, dessen Inhaber die Richtlinien der Politik für die ganze Nation bestimmt. Ich bin sicher: Wenn ihr mir jetzt euer Vertrauen schenkt, daß ihr mir dann auch die Freiheit geben werdet, die dieses Amt braucht.«
Helmut Schmidt weiß aus eigener Erfahrung, was es heißt, Bundeskanzler zu sein. Und er weiß, welche Schwierigkeiten – auch in der eigenen Fraktion – in diesem Amt entstehen können. »Lieber Gerhard Schröder, ich wünsche dir, du mögest Bundeskanzler werden, der zugleich mit Weitblick und mit Augenmaß die Richtlinien der Politik bestimmt. Ich wünsche dir die Tapferkeit, das Notwendige auch dann zu tun, wenn es zunächst unpopulär ist.« Auch er mahnte in Leipzig die Genossen: »Ich wünsche dir eine Partei und Fraktion, die zugleich kritisch und loyal ist – und die nie vergißt, daß es für sie leichter ist, Programme auf dem Papier zu verfassen, als für Gerhard Schröder, dieselben tatsächlich Schritt für Schritt zu verwirklichen.«

Schröder und die anderen Parteien

Der Sozialismus ist für Schröder heute »das Ende einer Hoffnung, aber einer verkehrten.« Sowohl Gerhard Schröder als auch Oskar Lafontaine haben deshalb eine Zusammenarbeit mit der PDS stets abgelehnt. Auch eine Minderheitsregierung unter Tolerierung durch die PDS schloß Schröder aus. Vor vier Jahren hatte er genau das Rudolf Scharping vorgeworfen, der sich nicht mit PDS-Stimmen zum Bundeskanzler machen lassen wollte. Schröder aber meinte damals: »So kann man das nicht machen. Entweder man will, oder man will nicht.« Auch die Dresdner Erklärung, eine Absage der ostdeutschen Sozis an die PDS, trug er nicht mit. Zumal Sachsen-Anhalts Regierungschef Reinhard Höppner mit Duldung der PDS regierte. »Man darf das, was man tut, nicht mit schlechtem Gewissen tun.« Als nach der Landtagswahl in Sachsen-Anhalt 1998 die Frage erörtert wurde, ob Höppner ein Bündnis mit der PDS eingehen wolle, quälte sich SPD-Bundesgeschäftsführer Franz Müntefering mit der Aussage, es werde niemals eine schriftliche Vereinbarung über eine Zusammenarbeit mit der PDS geben. Eine weitere Duldung war damit nicht ausgeschlossen.

Für eine Koalition mit der FDP sah Schröder im Frühjahr 1998 ebenfalls »keine vernünftige Basis«. Die FDP befinde sich in einer solchen Verstrickung und Abhängigkeit zum großen Koalitionspartner, daß er sich nicht vorstellen könne, wie sie sich daraus befreien wolle. Ein Zusammengehen mit der FDP erschien Franz Müntefering als »unwahrscheinlichste Option«. Oskar Lafon-

taine nannte den Grund: Eine Koalition »nur mit der FDP« sei auch wegen der untergeordneten Rolle der Liberalen im Bundesrat nicht möglich. Aus dem Wissen um die vorangegangene SPD-Blockade sagte Lafontaine: »Eine Regierung muß aber ihre Steuer- und Sozialgesetze durch den Bundesrat bringen, sonst scheitert sie.«
Die verbleibenden Alternativen bekamen von Helmut Kohl schlechte Noten: Reformen gebe es nicht mit Rot-Grün und auch nicht in einer großen Koalition. Schröder allerdings galt Rot-Grün als »wahrscheinlichste Machtablösungsperspektive, aber nicht die einzige«. Das sei die Konstellation, die er und die SPD für die Umgestaltung der Gesellschaft anstrebten. Die Aufgabenverteilung einer solchen Koalition charakterisierte er im *Spiegel* indirekt so: Wirtschaftspolitische Kompetenz = SPD, Ökologie = Grüne.
Aus den Erfahrungen Nordrhein-Westfalens hat Schröder gelernt: »Konkurrieren beide Koalitionsparteien darum, wer die grünen Positionen am besten vertritt, dann wird das Ergebnis zwangsläufig sein: Beide sacken weg.«
Schröder hatte immer Alternativen offengelassen: Schon im Januar 1998 hatte er erklärt, es könne durchaus sein, »daß die SPD mit einem künftigen Koalitionspartner rechnen muß, den sie bis zum Wahltag als den großen politischen Gegner bekämpfen wird«. Gemeint war die große Koalition, die im Falle greifen könnte, daß weder die bisherige Koalition eine Mehrheit erreichte noch Rot-Grün. Allerdings sei eine große Koalition kein anzustrebendes Ziel, sie böte sich nur dann an, wenn eine andere Konstellation nicht möglich sei.

Auch große Koalitionen, so erklärte Gerhard Schröder selbst, seien »keine strategischen Entwürfe«.
»Echt paradox« nannte Jürgen Trittin die Situation seiner Grünen, daß die Chancen für eine rot-grüne Bundesregierung an einer Person hängen, »die sich mit ihrer Programmatik eher als CDU-Vizekanzler empfiehlt«. Als Europaminister hatte Trittin vier Jahre lang in Schröders Kabinett gesessen, bevor die SPD in Hannover allein regieren konnte. Dort hatte er festgestellt: »Der Mann hat einfach kein Programm.« Alle Reformen der Jahre 1990 bis 1994 von der Innen- bis zur Energiepolitik habe Schröder als Alleinherrscher in Niedersachsen revidiert. Trittin nannte das »im Wortsinn reaktionär«.

»Der Mann hat einfach kein Programm.«
Jürgen Trittin, Vorstandssprecher
Bündnis 90/Die Grünen, 1997

Auch Schröders Verhältnis zu den Grünen ist gespalten. 1986 hatte er ihnen ein Koalitionsangebot unterbreitet, auf das die Ökopartei »dümmlich reagiert« habe. Er bezeichnete die Grünen deshalb als »politikunfähig«. Später sagte er, »solange der Wahlkampf dauert, schlüpfen wir mit keinem ins Bett«. Schließlich, nach einem »auf keinen Fall«, gab Schröder zu Protokoll, er »wäre ja verrückt, wenn ich sagen würde, nur weil ein paar Grüne mich wählen könnten, kandidiere ich nicht«. Aus diesem Zickzackkurs hat Schröder eines gelernt: Daß man die SPD nicht mobilisiert, indem man vor Wahlen die Koalitionsfrage stellt. Denn das hieße, »daß man an den Erfolg selbst nicht so richtig glaubt«. Den Wählern empfahl er bei seiner ersten Kandidatur in Niedersachsen: »Sorgt für ein Zwei-Parteien-Parlament, dann habt ihr klare Verhältnisse.«

Schröder beschloß damals, trotz der knappen Niederlage in Hannover zu bleiben – als Oppositionsführer. Beim letzten Bier in einer Bonner Kneipe, berichten Béla Anda und Rolf Kleine, sei der Grünen-Realo Hubert Kleinert an ihn herangetreten und habe gefragt, woran es denn nun gelegen habe. Schröder habe zurückgegiftet: »Die anderen brauchen doch bloß eure Parteitagsbeschlüsse unter die Leute zu bringen.«

Daran erinnerten sich viele im Frühjahr 1998, als Schröder fürchten mußte, die guten Umfrageergebnisse für ihn könnten durch unkluge Beschlüsse und Formulierungen von Politikerinnen und Politikern von Bündnis 90/Die Grünen leiden. Und irgendwie verfestigte sich der Eindruck, Schröder benutze die Grünen lediglich als Mehrheitsbeschaffer, aber lieber wäre ihm, er könnte es allein machen. Eine Selbstverständlichkeit, aber in Bonn setzte darauf natürlich niemand.

In Hannover dagegen konnte Schröder 1994, nach vier Jahren mit den Grünen, mit einer Stimme Mehrheit im Landtag allein regieren. Die Chance nutzte er sofort und kompromißlos. Trotz der knappen Mehrheit verhandelte er nicht über eine Koalition. Den Grünen bescheinigte er dennoch die Regierungsfähigkeit: »Das haben sie nicht nur in Niedersachsen bewiesen. Das würden sie

auch in Bonn zeigen. Die Grünen sind inzwischen eine etablierte, demokratische, teilweise radikaldemokratische Partei.« Aber es werde »manchmal zuviel geredet und zuwenig entschieden«.
Zuviel geredet hatten Bündnis 90/Die Grünen nach dem Geschmack des damaligen Kanzlerkandidaten auch auf ihrem Parteitag im März 1998. Die Beschlüsse für einen Austritt aus dem Verteidigungsbündnis und für eine Verteuerung des Benzins erzeugten nicht nur in der Öffentlichkeit Verwirrung, sondern veranlaßten Schröder auch, die Grünen erneut für nicht regierungsfähig zu erklären. Auf dem Leipziger Parteitag stellte Schröder klar: »Eine von mir geführte Bundesregierung wird in der Nato bleiben. Und sie wird sich an den Friedensmissionen der Vereinten Nationen beteiligen. Wir werden das Drei-Liter-Auto fördern, aber nicht den Benzinpreis zur Ursache neuer sozialer Ungerechtigkeit machen. Wir wollen eine ehrliche, ernsthafte Debatte über die sinnvolle Nutzung von Energie, also auch über eine Ökologische Steuerreform.«

5.
Schröder, wie geht's weiter?

Am 27. September 1998 ging der amerikanische Traum auch in Deutschland in Erfüllung: Gerhard Schröder, der Junge von ganz unten, ist in der Politik ganz oben angelangt. »Er wird noch was in der Partei«, hatte die *FAZ* am 2. April 1979 geschrieben, nachdem Gerhard Schröder als Juso-Vorsitzender bestätigt worden war. Der *Frankfurter Allgemeinen* galt er als »nicht alltägliches politisches Talent«. Knapp zwanzig Jahre später stimmten die Deutschen für einen Wechsel und einen neuen Bundeskanzler namens Gerhard Schröder. Wie sein Vorgänger, Helmut Kohl, darf Schröder behaupten, den Erfolg seiner Beharrlichkeit zu verdanken, die ihn trotz Mißgunst und Neid – auch in der eigenen Partei – zum Erfolg geführt hat. Die *Süddeutsche Zeitung* schrieb denn auch: »Was immer Gerhard Schröder erreicht hat im Leben, hat er sich selbst gegriffen.«

»Nach sechzehn Jahren ist die Ära von Helmut Kohl zu Ende gegangen«, ließ Schröder wissen, als er sich am Wahlsonntag kurz vor neunzehn Uhr zusammen mit Oskar Lafontaine strahlend den Fernsehkameras stellte. Nachdem der Beifall der Anhänger abgeklungen war, rief er ihnen zu: »Jetzt geht's loos!« Doch wohin? Dieselbe Zeitung, die frühzeitig sein Talent erkannt hatte, warnte nun vor der »Horrorvision« Rot-Grün. Auch einige internationale Blätter konstatierten ängstlich, daß sich innerhalb der EU durch Schröders Sieg das Gewicht nach links verlagert habe. Die *Süddeutsche Zeitung* dagegen stellte im Leitartikel fest, was die Deutschen ganz offensichtlich herbeigesehnt hatten: »Der Wechsel ist da.« *Bild* sagte noch einmal »Danke, Helmut Kohl« und meldete ganz fett: »Schröder Kanzler!«

»Helmut Schmidt bin ich besonders dankbar für Rat und Unterstützung, die er mir in den letzten harten Monaten gegeben hat.«

Gerhard Schröder, SPD-Spitzenkandidat,
27. September 1998

Die Wähler haben ihren Wunsch nach dem künftigen Regierungschef mehr als deutlich ausgedrückt: Die Entscheidung zwischen Kohl und Schröder fiel klar zugunsten des Niedersachsen aus. »Mr. Clintonblair«, wie ihn das US-Magazin *New Yorker* genannt hatte, erhielt einen ordentlichen Vertrauensvorschuß: Knapp 41 Prozent gaben der SPD und damit Gerhard Schröder ihre Stimme und machten die Sozialdemokraten zur weitaus stärksten Fraktion im Bundestag. Gleichzeitig mußte die Union das schlechteste Ergebnis seit 1949 verdauen. Am 27. September 1998 endete die Ära des »ewigen Kanzlers«, und die jungen Wähler lernen nun erstmals einen anderen Regierungschef kennen als Helmut Kohl.

»Selbstverständlich übernehme ich ohne Wenn und Aber die Verantwortung für diese Wahlniederlage.«

Bundeskanzler Helmut Kohl, 27. September 1998

Schröder ist damit ein bisher einmaliges Kunststück gelungen: Zum ersten Mal in der Geschichte der Bundesrepublik hat das Volk einer Regierung die rote Karte gezeigt und sie komplett abgewählt. Willy Brandt kam 1969 aus der großen Koalition ins Kanzleramt, Helmut Kohl 1982 durch den Entschluß der FDP, den Partner zu wechseln. Kohl und die CDU/CSU wählten 1998 nur noch 35,2 Prozent der Deutschen.

Helmut Kohl, der die Republik sechzehn Jahre lang regiert hat, darf in Rente gehen. Aber ob die Rente sicher sein wird, wie die Sozialdemokraten vor der Wahl versprachen, wird der neue Kanzler mit seiner Mannschaft erst noch beweisen müssen. Und nicht nur dieses Versprechen wollen die Deutschen eingelöst sehen, sondern auch andere, vor allem dieses: »Wir werden uns daran messen lassen«, sagte Schröder immer wieder, »ob wir die Trendwende am Arbeitsmarkt schaffen.«

»Niemand hält uns jetzt noch auf«, lautete der Refrain der SPD-Wahlkampfhymne. Tatsächlich hat die Partei in der Spitze und an der Basis – wie angekündigt – bis zum Wahltermin ein tolles Mannschaftsspiel geliefert. Doch nun, nachdem Schröder seinen Elfmeter verwandeln konnte – trotz der bayerischen Steilvorlage für Kohl (Ministerpräsident Edmund Stoiber hatte bei der bayerischen Landtagswahl die absolute Mehrheit für die

CSU noch ausgebaut) –, beginnt eine neues Spiel: Kaum hat der Spielführer den Siegerpokal in Händen, verlangen auch die großen und kleinen Wasserträger ihren Anteil am Siegespreis. Nicht im außenpolitischen Bereich drohen deshalb Differenzen, denn die SPD wird die Außenpolitik der bisherigen Regierung im Kern fortsetzen müssen. Innenpolitisch aber wird es schwer sein, den Frieden zu erhalten. Allgemeine Aufgabe sei es, so Schröder in einer Erklärung nach der Wahl, »unser Land durchgreifend zu modernisieren und den Reformstau aufzulösen«. In erster Linie heißt das: Arbeitsplätze schaffen. Dazu sind umfassende Reformen in zahlreichen Politikbereichen erforderlich: Steuerreform, Rentenreform, Entbürokratisierung, noch mehr Flexibilisierung, was möglicherweise weitere Zugeständnisse an die Unternehmer bedeutet, um neue Arbeitsplätze zu gewinnen.

All diese Maßnahmen haben Folgen für die Menschen, vor allem finanzielle. Wie in jeder Partei treffen auch in der SPD verschiedene Interessen aufeinander, und alle wollen ihre eigenen durchsetzen und Verluste für ihre Klientel vermeiden. Die bislang blockierte Reform des Steuerrechts voranzutreiben wird ein verbissenes Ringen auch in der Regierungspartei geben: Gewerkschafter werden die Vergünstigungen der Arbeiter und Angestellten verteidigen, Selbständige und Unternehmer werden gute Gründe anführen, warum Subventionen und andere Vergünstigungen und Ausnahmeregelungen nicht gekappt werden können.

Daß Schröder geneigt sein könnte, dabei in erster Linie auf die Sozialpolitiker seiner Partei zu hören, ist nicht zu erwarten: Die SPD habe die Mitte wiedergewonnen, sagte Schröder nach der Wahl. Tatsächlich haben auch viele kleine und mittelständische Unternehmer dieses Mal ihre Stimme dem gegeben, von dem sie hoffen, daß er endlich nicht mehr nur Politik für die großen Konzerne macht. Gerade ihnen hat sich Schröder im Wahlkampf glaubhaft als Alternative angeboten – manchmal wohl mehr, als manchem altgedienten Traditionalisten in der Partei lieb war. Doch alle schwiegen, die Partei präsentierte sich einig.

Aber jetzt ist die Zeit des Schweigenmüssens vorbei, die Wahlschlacht erfolgreich geschlagen. Auch innerhalb der Partei darf nun wieder um Inhalte gerungen werden. Nicht der Koalitionspartner könnte deshalb auf Schröders weiterem Weg zum größten Stolperstein werden, sondern die eigene Partei. Spannend wird in jedem Fall, wie sich die beiden unterschiedlichen Programme von Schröder und dem Parteivorsitzenden Oskar Lafontaine in der realen Regierungspolitik ausprägen werden. Ihre Art, Politik zu machen, ist zwar ähnlich, aber »die inhaltlichen Differenzen« zwischen ihm und Lafontaine sind alles andere als »marginal«, wie Schröder noch 1997 behauptete. Was wird aus der Ökologischen Steuerreform, von der sich Lafontaine nicht nur einen sorgsameren Umgang mit den Ressourcen, sondern sogar neue Arbeitsplätze verspricht? Der »Automann« Schröder hat daran zuletzt gar kein Interesse gezeigt. Wie tief dürfen Einschnitte ins soziale System sein, wenn sozialdemokratische Regenten sie durchsetzen?

»Die Mehrheiten sind noch knapp (...) Es kommt ganz entscheidend darauf an, ob wir auch die Kraft und die Geschlossenheit haben, in einer neuen Regierung zu handeln.«

Joschka Fischer, Fraktionschef der Grünen,
27. September 1998

Gerhard Schröder hat in seiner Erklärung nach der Wahl angekündigt: »Unser Konzept heißt: Neue Mitte. Ganz offenbar ist es so, daß dieses Konzept richtig war. Das bedeutet, ich wiederhole es, Verpflichtung für unsere Regierungsarbeit. Für mich heißt das vor allem: Ich stehe für ökonomische Stabilität, für innere Sicherheit und für außenpolitische Kontinuität.« Weder den Bereich Umwelt noch den Bereich der sozialen Sicherheit hat Schröder in diese zentrale Aussage aufgenommen.

Wo und weshalb Schröder innerhalb der Partei auf Widerstand stoßen könnte, wurde in diesem Buch gezeigt. Der bereits zitierte Politikwissenschaftler Fritz Walter hatte schon 1995 ein Problem der Partei angesprochen, das sich auch einem Kanzler Schröder stellen könnte: »Die sozialdemokratische Parteitags- und Gremienelite hat Politikern wie Schröder, Schmidt und Schiller immer mißtraut, trotz oder gerade wegen ihrer Erfolge. Der Delegiertenkörper der Partei läßt Abweichungen – ob politische oder habituelle – von der Parteilinie nicht zu. Die Eigenwelt der Organisation und die kanonisierte

Idee des demokratischen Sozialismus wiegen im Zweifelsfalle schwerer als der Erfolg bei den Wählern.«

»Daß es so dicke kommt, haben wir alle nicht erwartet.«

Oskar Lafontaine, SPD-Vorsitzender,
27. September 1998

Zunächst wird Schröder von seinem großartigen Erfolg zehren können. Ob das von Lafontaine angekündigte »neue sozialdemokratische Zeitalter« tatsächlich anbricht, wird davon abhängen, ob nach den Wahlen auch die Reformen Erfolge bringen werden – in erster Linie am Arbeitsmarkt. Dabei wird es spannend sein zu beobachten, wie Gerhard Schröder sich als Kanzler in der eigenen Partei durchsetzt – gegenüber der Fraktion im Bundestag und auch gegenüber den Länderchefs im Bundesrat; der aufsässigste unter ihnen kann nun immerhin nicht mehr gegen den Kanzler arbeiten: Schröder selbst. 1992, als er noch die Interessen Niedersachsens vertrat, hatte er erklärt: »Wer glaubt, eine Zentrale der Partei in Bonn könne die Strategie für den Bundesrat festlegen, der irrt.«

Heute ist die politische Landschaft freilich eine andere: Mit der Mehrheit in Bundestag und Bundesrat ist die SPD – anders als die abgewählte christlich-liberale Regierung – in der Lage, die anstehenden Reformen schnell umzusetzen. Die Konzepte liegen in der Schublade. Die Frage, wem Schröder nun mehr Loyalität

schuldet, seiner Partei oder der Ökonomie, wird bald beantwortet werden. Mit der Wahl Schröders scheint eine »Richtungsentscheidung über den Begriff der Moderne« tatsächlich getroffen. Gerade mit einem so überwältigenden Wahlergebnis kann Schröder berechtigterweise darauf setzen, daß ihm seine Partei auch bei kritischen Entscheidungen folgt. Seiner Macht als Bundeskanzler ist er sich ohnehin sicher. Gegen den, sagte ein selbstbewußter Gerhard Schröder mehrfach, könne niemand Politik machen. Das ist wahr, denn laut Artikel 65 des Grundgesetzes »bestimmt der Kanzler die Richtlinien der Politik«. Aber ebenso wahr ist: Ohne seine Partei kann ein Kanzler keine Politik machen.
Viele Deutsche setzen große Hoffnungen in Gerhard Schröder. Wer sein bisheriges politisches Leben verfolgte, kann annehmen, daß er das, was er erreicht hat, auch zu behalten weiß. Als Machtmensch gilt er heute schon – und vielleicht wird man ihn einmal in puncto Machterhalt mit Helmut Kohl vergleichen können. Zunächst aber gilt es, an die nächsten Monate zu denken. *Bild* drückte in ihrer Schlagzeile am Montag nach der Wahl gewissermaßen stellvertretend aus, was sie alle ihm wünschen, die Hoffungsvollen und die Sorgenvollen: »eine glückliche Hand für Deutschland«.

Bildnachweis

Seite I, Foto: © dpa/Weihs

Seite II (*oben*), Foto: © dpa/Votava

Seite II (*unten*), Foto: © dpa/Ursula Düren

Seite III (*oben*), Foto: © dpa/Wagner

Seite III (*unten*), Foto: © dpa/Weihs

Seite IV (*oben*), Foto: © dpa/Martin Gerten

Seite IV (*Mitte*), Foto: © dpa/Oliver Berg

Seite IV (*unten*), Foto: © dpa/Holger Hollemann

Seite V, Foto: © dpa/Holger Hollemann

Seite VI, Fotos: © dpa/Michael Jung

Seite VII (*oben*), Foto: © dpa/Michael Jung/Pool

Seite VII (*unten*), Foto: © Picture Press/Haderer/Stern

Seite VIII, Foto: © dpa/Franz-Peter Tschauner

Knaur

Hans Herbert von Arnim

(80062)

(80021)

(80014)

(80079)

Knaur

Bestseller von Günter Ogger

(77136)

(77206)

(77152)

(03613)